°R
5263
...CATIONS DES TEMPS NOUVEAUX
N° 5
PRIX: 10 c
ETRE PAYSANS
AU BUREAU DES TEMPS NOUVEAUX
140 rue Mouffetard .-PARIS-
.1897.
AF266173

Publications des « *TEMPS NOUVEAUX* » — N° 5

ENRICO MALATESTA

ENTRE PAYSANS

(Traduit de l'italien)

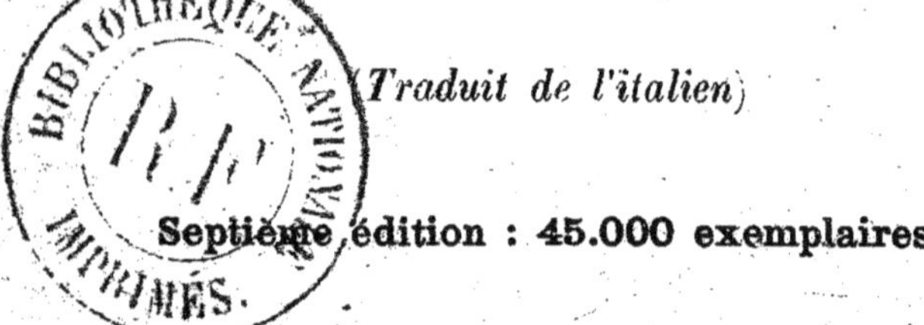

Septième édition : 45.000 exemplaires.

PRIX : 10 CENTIMES

PARIS

Au Bureau des « TEMPS NOUVEAUX »
140, RUE MOUFFETARD, 140

1897

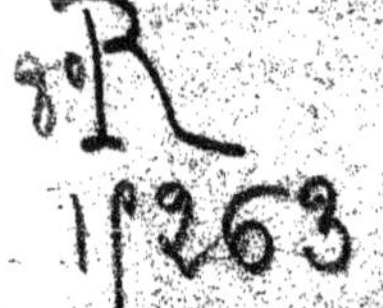

ENTRE PAYSANS

JACQUES. — Tiens, cela tombe bien! Il y a longtemps que je désirais te parler et je suis content de te rencontrer... Ah! Pierre, Pierre! Qu'ai-je appris sur ton compte! Quand tu étais au pays, tu étais un brave fils, le modèle des jeunes gens de ton âge... Ah! si ton père vivait encore....

PIERRE. — Jacques, pourquoi me parlez-vous ainsi? Qu'ai-je fait pour mériter vos reproches? Et pourquoi mon pauvre père serait-il mécontent de moi?

JACQUES. — Ne t'offense pas de mes paroles, Pierre. Je suis vieux et je te parle pour ton bien. Et puis, j'étais si ami avec le vieil André, ton père, que de te voir prendre une mauvaise voie, cela me chagrine comme si tu étais mon propre fils, surtout quand je pense aux espérances que ton père avait fondées sur toi et aux sacrifices qu'il a faits pour te laisser un nom sans tache.

PIERRE. — Mais que dites-vous, Jacques? Ne suis-je pas par hasard un honnête travailleur? Je n'ai jamais fait de mal à personne, et même, excusez-moi si je le dis, j'ai toujours fait autant de bien que j'ai pu ; pourquoi donc mon père aurait-il à rougir de moi? Je fais mon possible pour m'instruire et devenir meilleur, je cherche, avec mes compagnons, à porter remède aux maux qui nous affligent tous; en quoi donc, mon cher Jacques, ai-je mérité vos reproches?

JACQUES. — Ah! ah! nous y voilà. Eh! parbleu! Je le sais bien que tu travailles et que tu aides ton prochain. Tu es un brave garçon, tout le monde le dit au pays. Mais il n'en est pas moins vrai que tu as été plusieurs fois en prison. On prétend que les gendarmes te surveillent et que, seulement à se montrer sur la place avec toi, on risque de s'attirer des désagréments... Qui sait si je ne me compromets pas moi-même en ce moment... Mais je te veux du bien et je te parlerai quand même. Pierre, écoute les conseils d'un vieillard : crois-moi, laisse les messieurs qui n'ont rien à faire parler politique, et toi, pense à travailler et à bien agir. De cette manière, tu vivras tranquille et heureux, sinon tu perdras ton âme et ton corps. Ecoute-moi : laisse là les mauvaises compagnies. Ce sont elles, on le sait, qui détournent les pauvres garçons.

PIERRE. — Jacques, croyez-moi, mes compagnons sont de braves jeunes gens; le pain qu'ils mangent leur coûte des larmes et est arrosé de leur sueur. Laissez-en dire du mal par les patrons, qui voudraient nous sucer jusqu'à la dernière goutte de notre sang et nous traitent ensuite de canailles et de gibier de galère si nous cherchons à améliorer notre sort, à nous soustraire à leur tyrannie. Mes compagnons et moi, nous avons été en prison, c'est vrai, mais c'était pour une cause juste ; nous irons encore, et peut-être nous arrivera-t-il quelque chose de pire, mais ce sera pour le bien de tous, et parce que nous voulons détruire les injustices et la misère. Et vous qui avez travaillé toute votre vie et souffert comme nous de la faim, vous qui serez peut-être forcé d'aller mourir à l'hôpital quand vous ne pourrez plus travailler, vous ne devriez pas vous mettre avec les messieurs et le gouvernement pour tomber sur ceux qui cherchent à améliorer le sort des pauvres gens.

Jacques. — Mon cher enfant, je sais bien que le monde va mal, mais vouloir le changer, c'est comme si tu voulais redresser les jambes à un chien cagneux. Prenons-le donc comme il est, et prions Dieu qu'au moins la soupe ne nous manque point. Il y a toujours eu des riches et des pauvres ; nous qui sommes nés pour travailler, nous devons travailler et nous contenter de ce que Dieu nous envoie, sinon c'est au détriment de la paix et de l'honneur.

Pierre. — Et que me parlez-vous d'honneur ! Les messieurs, après nous avoir tout enlevé, après nous avoir contraints à travailler comme des animaux pour gagner un morceau de pain, tandis qu'ils vivent, eux, de nos sueurs sans rien faire, dans la richesse et dans la débauche, les messieurs viennent ensuite dire que nous devons, pour être d'honnêtes gens, supporter volontiers notre sort et les voir s'engraisser à nos dépens. Si, au lieu de cela, nous nous rappelons que nous sommes, nous aussi, des hommes, et que celui qui travaille a le droit de manger, alors nous sommes des bandits, les gendarmes nous traînent en prison et les prêtres, par surcroît, nous envoient en enfer.

Laissez-moi vous le dire, Jacques, à vous qui n'avez jamais sucé le sang de votre semblable : les vrais bandits, les gens sans honneur sont ceux qui vivent d'oppression, ceux qui se sont emparés de tout ce qui est sous le soleil, et qui, à force de persécutions, ont réduit le peuple à l'état d'un troupeau de moutons qui se laissent tranquillement tondre et égorger. Et vous vous mettriez avec ces gens-là pour nous tomber dessus ! Ce n'est donc pas assez qu'ils aient pour eux le gouvernement qui, étant fait par les riches et pour les riches, ne peut que les soutenir ; faut-il encore que nos propres frères, les travailleurs, les pauvres, se ruent sur nous, parce que nous voulons qu'ils aient du pain et la liberté ?

Ah ! si la misère, l'ignorance forcée, les habitudes contractées pendant des siècles d'esclavage n'expliquaient pas ce fait douloureux, je dirais que ce sont eux qui sont sans honneur et sans dignité, ces pauvres qui se font les suppôts des oppresseurs de l'humanité, et non pas nous qui sacrifions ce misérable morceau de pain et ce lambeau de liberté pour tâcher de réaliser l'état où tous seront heureux.

Jacques. — Oui, certainement, tu dis de belles choses ; mais, sans la crainte de Dieu, on ne fait rien de bon. Tu ne m'en feras pas accroire. J'ai entendu parler notre saint homme de curé, et il disait que toi et tes compagnons vous êtes une bande d'excommuniés; j'ai entendu M. Antoine, qui a étudié et qui lit toujours les journaux, et lui aussi prétend que vous êtes ou des fous ou des bandits qui voudriez manger et boire sans rien faire, et qui, au lieu de réaliser le bien des travailleurs, empêchez les messieurs d'arranger les choses le mieux possible.

Pierre. — Jacques, si nous voulons raisonner, laissons en paix Dieu et les saints, parce que, voyez-vous, le nom de Dieu sert de prétexte et de justification à tous ceux qui veulent tromper et opprimer leurs semblables. Les rois prétendent que Dieu leur a donné le droit de régner, et quand deux rois se disputent un pays, ils prétendent tous les deux être les envoyés de Dieu. Dieu, cependant, donne raison à celui qui a le plus de soldats et les meilleures armes. Le propriétaire, l'exploiteur, l'accapareur, tous parlent de Dieu. Le prêtre catholique, le protestant, le juif, le musulman se disent aussi représentants de Dieu; c'est au nom de Dieu qu'ils se font la guerre et essaient chacun de faire arriver l'eau à leur moulin. Du pauvre, aucun d'eux ne s'inquiète. A les entendre, Dieu leur aurait tout donné et nous aurait condamnés, nous, à la misère et au travail. A eux le paradis dans ce monde et dans l'autre; à nous l'enfer sur cette terre, et le paradis seulement dans l'autre monde, si toutefois nous avons été des esclaves bien obéissants.

Ecoutez, Jacques, dans les affaires de conscience, je ne veux pas entrer et chacun est libre de penser comme il veut. Quant à moi, je ne crois ni à Dieu, ni à toutes les histoires des prêtres, parce que, de toutes les religions dont les prêtres prétendent être en possession de la vérité, aucune ne peut fournir des preuves en faveur des dogmes qu'elle affirme. Moi aussi, je pourrais, si je voulais, inventer un tas de sornettes et dire que celui qui ne me croira pas et ne m'obéira pas sera condamné aux peines éternelles. Vous me traiteriez d'imposteur, mais si je prenais un enfant, si je lui disais toujours la même chose sans que personne pût lui dire le contraire, évidemment il croirait en moi, de même que vous croyez en votre curé.

Mais, en somme, vous êtes libre de croire si bon vous semble; cependant, ne venez pas me raconter que c'est Dieu qui veut que vous travailliez et souffriez de la faim, que vos fils deviennent maigres et malades faute de pain et de soins, que vos filles soient exposées à devenir les maîtresses de votre patron, parce qu'alors je dirais que votre Dieu est un assassin. Si Dieu existe, ce qu'il veut, il ne l'a dit à personne. Pensons donc à faire dans ce monde notre bonheur et celui de nos semblables. S'il y avait un Dieu dans l'autre monde, et que ce Dieu fût juste, il ne nous en voudrait pas d'avoir lutté pour faire du bien, au lieu d'avoir fait souffrir ou permis qu'on fît souffrir les hommes, qui, d'après ce que dit le curé, sont tous des créatures de Dieu, et par conséquent nos frères.

Et puis, croyez-moi, aujourd'hui que vous êtes pauvre, Dieu vous condamne au labeur le plus pénible; si demain vous réussissez à gagner beaucoup d'argent par un moyen quelconque, même en commettant l'action la plus vile, vous acquerrez immédiatement le droit de ne plus travailler, de rouler carrosse, de maltraiter les paysans, de séduire les filles du pauvre... et Dieu vous laissera faire, comme il laisse faire votre patron.

JACQUES. — Par ma foi ! depuis que tu as appris à lire et à écrire et que tu fréquentes les citadins, tu es devenu si beau parleur que tu embrouillerais un avocat. Et, à te parler franc, tu as dit des choses qui m'ont produit une certaine impression. Figure-toi que ma fille, Rosine, est déjà grande. Elle a trouvé un bon parti, un brave jeune homme qui l'aime; mais, tu comprends, nous sommes pauvres; il faudrait fournir le lit, le trousseau et un peu d'argent pour lui ouvrir une boutique; car le gars est serrurier, et s'il pouvait sortir de chez le patron qui le fait travailler presque pour rien et se mettre à son compte, il aurait les moyens d'élever la famille qu'il se créerait. Mais je n'ai rien, lui non plus. Le patron pourrait m'avancer un peu d'argent que je lui rendrais peu à peu. Eh bien ! le croirais-tu ? Quand je lui ai parlé de la chose, il m'a répondu en ricanant que c'étaient des affaires de charité et que cela regardait son fils. Le jeune patron, en effet, est venu nous trouver; il a vu Rosine, lui a caressé le menton et nous a dit que justement il avait à sa disposition un trousseau qui avait été fait pour une autre : Rosine n'avait qu'à venir le chercher elle-même. Et il avait dans ses yeux, tandis qu'il disait cela, un tel regard que j'ai failli faire un malheur... Oh! si ma Rosine... Mais laissons cela...

Je suis vieux et je sais que ce monde est infâme, mais ce n'est pas une raison pour devenir, nous aussi, des coquins... Enfin, est-il vrai, oui ou non, que vous voulez prendre leurs biens à ceux qui possèdent?

PIERRE. — A la bonne heure ! voilà comme je vous aime. Quand vous voudrez savoir quelque chose intéressant les pauvres, ne le demandez point aux messieurs. Ils ne vous diront jamais la vérité, car personne n'aime à parler contre soi-même. Et si vous désirez savoir ce que veulent les socialistes, demandez-le à moi ou à mes compagnons et non pas à votre curé ou à M. Antoine. Cependant, quand le curé vous parlera de ces choses, demandez-lui donc un peu pourquoi vous, qui travaillez, vous ne mangez que de la soupe, tandis que lui, qui reste toute la journée sans rien faire, mange de bons poulets rôtis avec ses neveux; demandez-lui donc encore pourquoi il est toujours avec les riches et ne vient chez vous que pour prendre quelque chose; pourquoi il donne toujours raison aux messieurs et aux gendarmes, et pourquoi, au lieu d'enlever aux pauvres gens leur pain de la bouche sous prétexte de prier pour les âmes des morts, il ne se met pas à travailler afin d'aider un peu les vivants et n'être plus à charge aux autres. Quant à M. Antoine, qui est jeune, robuste, instruit, et qui passe son temps à jouer au café ou à bavarder sur la politique, dites-lui qu'avant de parler de nous, il cesse donc de mener une vie de fainéant et qu'il apprenne ce que sont le travail et la misère.

JACQUES. — Là-dessus, tu as pleinement raison; mais revenons à la question. Est-il vrai, oui ou non, que vous voulez voler les biens de ceux qui possèdent ?

Pierre. — Ce n'est pas vrai : nous ne voulons rien voler du tout, nous; mais nous désirons que le peuple prenne la propriété des riches pour la mettre en commun au profit de tous.

En faisant cela, le peuple ne volera pas la fortune des autres, mais rentrera simplement dans la sienne.

Jacques. — Comment donc ! Est-ce que par hasard la propriété des messieurs est la nôtre ?

Pierre. — Certainement; c'est notre propriété, c'est la propriété de tous. Qui donc l'a donnée aux messieurs? Comment l'ont-ils gagnée? Quel droit avaient-ils de s'en emparer, et quel droit ont-ils de la conserver ?

Jacques. — Mais ce sont leurs ancêtres qui la leur ont laissée.

Pierre. — Et qui l'avait donnée à leurs ancêtres ? Comment! voilà des hommes plus forts ou plus heureux qui se sont emparés de tout ce qui existe, qui ont contraint les autres à travailler pour eux; non contents de vivre eux-mêmes dans l'oisiveté, en opprimant et en affamant la plus grande partie de leurs contemporains, ils ont laissé à leurs fils et petits-fils la fortune qu'ils avaient usurpée, condamnant ainsi toute l'humanité future à être l'esclave de leurs descendants, qui, du reste, énervés par l'oisiveté et par la longue pratique du pouvoir, seraient incapables aujourd'hui de faire ce qu'ont fait leurs pères... Et cela vous paraît juste?

Jacques. — S'ils se sont emparé de la fortune par la force, alors non. Mais les messieurs disent que leurs richesses sont le fruit du travail, et il ne me paraît pas juste d'enlever à quelqu'un ce qu'il a acquis au prix de ses fatigues.

Pierre. — Toujours la même histoire ! Ceux qui ne travaillent pas et qui n'ont jamais travaillé parlent toujours au nom du travail.

Mais, dites-moi, comment se sont produits et qui a produit la terre, les métaux, le charbon, les pierres et le reste? Certainement, ces choses, soit que Dieu les ait faites, soit plutôt qu'elles soient l'œuvre spontanée de la nature, nous les trouvons tous en venant au monde; donc elles devraient servir à tous. Que diriez-vous si les messieurs voulaient s'emparer de l'air pour s'en servir, eux, et nous en donner à nous seulement un peu, et du plus corrompu, en nous le faisant payer par notre travail et nos fatigues? Or, la seule différence qu'il y a entre la terre et l'air, c'est que la terre, ils ont trouvé le moyen de s'en emparer et de se la partager, tandis qu'ils n'ont pu le faire pour l'air; mais croyez bien que si la chose était possible, il en serait de l'air comme de la terre.

Jacques. — C'est vrai; cela me paraît juste : la terre et toutes les choses que personne n'a faites devraient appartenir à tous... Mais il y a des choses qui ne se sont pas faites toutes seules.

Pierre. — Certainement, il y a des choses qui sont produites par le travail de l'homme, et la terre elle-même n'aurait que peu de valeur si elle n'était pas défrichée par la main de l'homme. Mais, en bonne justice, ces choses devraient appartenir à celui qui les a produites. Par quel mi-

racle se trouvent-elles précisément dans les mains de ceux qui ne font
rien et qui n'ont jamais rien fait ?

Jacques. — Mais les messieurs prétendent que leurs pères ont travaillé
et épargné.

Pierre. — Et ils devraient dire au contraire que leurs pères ont fait
travailler les autres sans les payer, justement comme on fait aujourd'hui.
L'histoire nous enseigne que le sort du travailleur a toujours été misérable et que celui qui a travaillé sans frustrer les autres n'a jamais pu
faire d'économies et même n'a eu jamais assez pour manger à sa faim.

Voyez l'exemple que vous avez sous les yeux : tout ce que les travailleurs produisent ne s'en va-t-il pas dans les mains des patrons qui s'en
emparent ? Aujourd'hui, un homme achète pour quelques francs un coin
de terre inculte et marécageuse ; il y met des hommes auxquels il donne
à peine de quoi ne pas mourir de faim et, pendant que ceux-ci travaillent,
il reste tranquillement à la ville à ne rien faire. Au bout de quelques
années cette pièce de terre inutile est devenue un jardin et vaut cent fois
plus qu'elle ne valait à l'origine. Les fils du propriétaire, qui hériteront
de cette fortune, diront, eux aussi, qu'ils jouissent du fruit du travail de
leur père, et les fils de ceux qui ont réellement travaillé et souffert con-
tinueront à travailler et à souffrir. Que vous en semble ?

Jacques. — Mais... si vraiment, comme tu dis, le monde a toujours été
ainsi, il n'y a rien à faire, et les patrons n'y peuvent rien.

Pierre. — Eh bien ! je veux admettre tout ce qui est favorable aux messieurs. Supposons que les propriétaires soient tous les fils de gens qui
ont travaillé et épargné, et les travailleurs tous fils d'hommes oisifs et
dépensiers. Ce que je dis est évidemment absurde, vous le comprenez ;
mais quand bien même les choses seraient réellement ainsi, est-ce qu'il y
aurait la moindre justice dans l'organisation sociale actuelle ? Si vous
travaillez et que je sois un fainéant, il est juste que je sois puni de ma
paresse, mais ce n'est pas une raison pour que mes fils, qui seront peut-
être de braves travailleurs, doivent se tuer de fatigue et crever de faim
pour maintenir vos fils dans l'oisiveté et dans l'abondance.

Jacques. — Tout cela est très beau et je n'y contredis pas, mais enfin
les messieurs ont la fortune, et à la fin du compte, nous devons les remercier, parce que, sans eux, on ne pourrait pas vivre.

Pierre. — S'ils ont la fortune, c'est qu'ils l'ont prise de force et l'ont
augmentée en prenant le fruit du travail des autres. Mais ils peuvent la
perdre de la même manière qu'ils l'ont acquise. Jusqu'ici, dans ce monde,
les hommes se sont fait la guerre les uns aux autres ; ils ont cherché à
s'enlever mutuellement le pain de la bouche et chacun d'eux s'est estimé
heureux s'il a pu soumettre son semblable et s'en servir comme d'une
bête de somme. Mais il est temps de mettre un terme à cette situation.
A se faire la guerre on ne gagne rien, et l'homme n'a récolté de tout cela
que la misère, l'esclavage, le crime, la prostitution et, de temps à autre,
de ces saignées qui s'appellent guerres et révolutions. S'ils voulaient, au

contraire, se mettre d'accord, s'aimer et s'aider les uns les autres, on ne verrait plus ces malheurs ; il n'y aurait plus de gens qui possèdent beaucoup pendant que d'autres n'ont rien, et l'on ferait en sorte que tous soient aussi bien que possible.

Je sais bien que les riches, qui se sont habitués à commander et à vivre sans travailler, ne veulent pas entendre parler d'un changement de système. Nous agirons en conséquence. S'ils veulent enfin comprendre qu'il ne doit plus y avoir de haine et d'inégalité entre les hommes et que tous doivent travailler, tant mieux ; si, au contraire, ils prétendent continuer à jouir des fruits de leurs violences et des vols commis par eux ou par leurs pères, alors, tant pis pour eux : ils ont pris par force tout ce qu'ils possèdent ; par la force aussi, nous le leur enlèverons. Si les pauvres savent s'entendre, ils sont les plus forts.

JACQUES. — Mais alors, quand il n'y aura plus de messieurs, commen' fer a-t-on pour vivre ? Qui donnera à travailler ?

PIERRE. — Quelle question ! Mais vous voyez tous les jours comment cela se passe : c'est vous qui piochez, semez et fauchez, c'est vous qui battez le grain et le portez dans le grenier, c'est vous qui faites le vin, l'huile et le fromage, et vous me demandez comment on fera pour vivre sans les messieurs ? Demandez-moi plutôt comment les messieurs feraient pour vivre si nous n'étions pas là, nous, pauvres imbéciles, travailleurs de la campagne et de la ville, qui peinons à les nourrir et à les vêtir et qui leur laissons prendre nos filles afin qu'ils puissent se divertir.

Il y a un moment, vous vouliez remercier les patrons parce qu'ils vous font vivre. Vous ne comprenez donc pas que ce sont eux qui vivent de votre travail et que chaque morceau de pain qu'ils mangent est enlevé à vos enfants ? que chaque cadeau qu'ils font à leurs femmes représente la misère, la faim, le froid, peut-être même la prostitution pour les vôtres ?

Qu'est-ce que produisent les messieurs ? Rien. Donc, tout ce qu'ils consomment est enlevé aux travailleurs.

Supposons que demain tous les ouvriers des champs disparaissent ; il n'y aura plus personne pour travailler la terre et tout le monde mourra de faim. Que les cordonniers disparaissent, et on ne fera plus de souliers ; que les maçons disparaissent, on ne pourra plus faire de maisons, et ainsi de suite. Que chaque classe de travailleurs vienne à manquer l'une après l'autre, avec elle disparaîtra une branche de la production et l'homme devra se priver des objets utiles ou nécessaires.

Mais quel préjudice ressentirait-on de la disparition des messieurs ? Ce serait comme si disparaissaient les sauterelles.

JACQUES. — Oui, c'est bien nous, en effet, qui produisons tout ; mais comment ferai-je, moi, pour produire du blé si je n'ai ni terre, ni animaux, ni semence ? Crois-moi, il n'y a pas moyen de faire autrement ; il faut nécessairement être sous la dépendance des patrons.

PIERRE. — Voyons, Jacques, est-ce que nous nous comprenons, oui ou non ? Il me semble vous avoir déjà dit qu'il faut enlever aux maîtres ce qui sert à travailler et à vivre : la terre, les outils, les semences, tout. Je le sais bien, moi : tant que la terre et les instruments de travail appartiendront aux maîtres, le travailleur devra être toujours un sujet et ne récoltera qu'esclavage et misère. C'est pourquoi, retenez bien ceci, la première chose à faire, c'est d'enlever la propriété aux bourgeois ; sans cela, le monde ne pourra jamais s'améliorer.

JACQUES. — Tu as raison, tu l'avais déjà dit. Mais, que veux-tu, ce sont pour moi des choses si nouvelles que je m'y perds.

Mais explique-moi un peu comment tu voudrais faire. Cette propriété enlevée aux riches, qu'en ferait-on? On se la partagerait, n'est-ce pas?

PIERRE. — Pas du tout, et quand vous entendrez dire que nous voulons partager, que nous voulons prendre la place de ceux qui possèdent, sachez que celui qui dit cela est un ignorant ou un méchant.

JACQUES. — Mais alors? Je n'y comprends plus rien.

PIERRE. — Et pourtant ce n'est pas difficile : nous voulons mettre tout en commun.

Nous partons de ce principe que tous doivent travailler et que tous doivent être le mieux possible. Dans ce monde, on ne peut vivre sans travailler; si un homme ne travaillait pas, il devrait vivre sur le travail des autres, ce qui est injuste et nuisible. Mais, bien entendu, quand je dis que tous doivent travailler, je veux dire tous ceux qui peuvent le faire. Les estropiés, les impotents, les vieillards doivent être entretenus par la société, parce que c'est un devoir d'humanité de ne faire souffrir personne; du reste, nous deviendrons tous vieux, et nous pouvons devenir estropiés ou impotents d'un moment à l'autre, aussi bien nous que ceux qui nous sont chers.

Maintenant, si vous réfléchissez bien, vous verrez que toutes les richesses, c'est-à-dire tout ce qui existe d'utile à l'homme, peuvent se diviser en deux parts. L'une, qui comprend la terre, les machines et tous les instruments de travail, le fer, le bois, les pierres, les moyens de transport, etc., etc., est indispensable pour travailler et doit être mise en commun, pour servir à tous comme instrument de travail. Quant au mode de travail, c'est une chose qu'on verra plus tard. Le mieux serait, je crois, de travailler en commun parce que, de cette manière, on produit plus avec moins de fatigue. D'ailleurs, il est certain que le travail en commun sera adopté partout, car, pour travailler chacun séparément, il faudrait renoncer à l'aide des machines qui simplifient et diminuent le travail de l'homme. Du reste, quand les hommes n'auront plus besoin de s'enlever le pain de la bouche les uns aux autres, ils ne seront plus comme chiens et chats et trouveront du plaisir à être ensemble et à faire les choses en commun. On laissera, bien entendu, travailler seuls ceux qui voudront le faire; l'essentiel c'est que personne ne puisse vivre sans travailler, obligeant ainsi les autres à travailler pour son compte; mais cela ne pourra plus arriver. En effet, chacun ayant droit à la matière du travail, nul ne voudra certainement se mettre au service d'un autre.

L'autre partie des richesses comprend les choses qui servent directement aux besoins de l'homme, comme les aliments, les vêtements, les maisons. Celles-ci, il faut les mettre en commun et les distribuer de manière qu'on puisse aller jusqu'à la nouvelle récolte et attendre que l'industrie ait fourni de nouveaux produits. Quant aux choses qui seront produites après la révolution, alors qu'il n'y aura plus de patrons oisifs vivant sur les fatigues des prolétaires affamés, on les répartira suivant la volonté des travailleurs de chaque pays. Si ceux-ci veulent travailler en commun, tout sera pour le mieux : on cherchera alors à régler la production de manière à satisfaire les besoins de tous et la consommation de manière à assurer à tous la plus grande somme de bien-être, et tout sera dit.

Si l'on ne procède pas ainsi, il faudra calculer ce que chacun produit afin que chacun puisse prendre la quantité d'objets équivalente à sa production. C'est là un calcul assez difficile, que je crois, pour ma part, presque impossible; ce qui fait que lorsqu'on verra la difficulté de la distribution proportionnelle, on acceptera plus facilement l'idée de mettre tout en commun.

Mais, de toute manière, il faudra que les choses de première nécessité, comme le pain, les habitations, l'eau et les choses de ce genre soient assurés à tous indépendamment de la quantité de travail que chacun peut fournir. Quelle que soit l'organisation adoptée, l'héritage ne doit plus exister, parce qu'il n'est pas juste que l'on trouve en naissant la richesse et l'autre la faim et le travail. Même si l'on admet l'idée que chacun est maître de ce qu'il a produit et peut faire des économies pour son compte personnel, il faudra qu'à sa mort, ces économies retournent à la communauté.

Les enfants cependant devront être élevés et instruits aux frais de tous, et de manière à leur procurer le plus grand développement et la meilleure instruction possible. Sans cela, il n'y aurait ni justice ni égalité; on violerait le principe du droit de chacun aux instruments de travail; il ne suffirait pas de donner aux hommes la terre et les machines, si l'on ne cherchait à les mettre tous en état de s'en servir le mieux possible.

De la femme, je ne vous dis rien, parce que, pour nous, la femme doit être l'égale de l'homme, et quand nous parlons de l'homme, nous voulons dire l'humanité sans distinction de sexe.

JACQUES. — Il y a une chose pourtant : prendre la fortune aux messieurs qui ont volé et affamé les pauvres gens, c'est bien; mais si un homme, à force de travail et d'économie, est parvenu à mettre de côté quelques sous, à acheter un petit champ ou à ouvrir une petite boutique, de quel droit pourrais-tu lui enlever ce qui est vraiment le fruit de son travail?

PIERRE. — Vous me dites là une chose bien invraisemblable. Il est impossible de faire des économies aujourd'hui que les capitalistes et le gouvernement prennent le plus clair des produits; et vous devriez le savoir, vous qui, après tant d'années de travail assidu, êtes aussi pauvre que devant. Du reste, je vous ai déjà dit que chacun a droit aux matières premières et aux instruments de travail; c'est pourquoi si un homme possède un petit champ, pourvu qu'il le travaille de ses mains, il pourra bien le garder et on lui donnera en outre les outils perfectionnés, les engrais et tout ce qui sera nécessaire pour qu'il puisse faire produire à la terre le plus possible. Certainement il sera préférable qu'on mette tout en commun, mais pour cela, il n'y aura pas besoin de forcer personne, parce que le même intérêt conseillera à tous d'adopter le système du communisme. Avec la propriété et le travail communs, tout ira beaucoup mieux qu'avec le travail isolé, d'autant plus qu'avec l'invention des machines, le travail isolé devient, relativement, toujours plus impuissant.

JACQUES. — Ah! les machines! voilà des choses qu'on devrait brûler! Ce sont elles qui cassent les bras et enlèvent le travail aux pauvres gens. Ici, dans nos campagnes, on peut compter que, chaque fois qu'il arrive une machine, notre salaire diminue, et qu'un certain nombre d'entre nous restent sans travail, forcés de partir ailleurs pour ne pas mourir de faim. A la ville, cela doit être pire. Au moins, s'il n'y avait pas de machines, les messieurs auraient beaucoup plus besoin de notre travail et nous vivrions un peu mieux.

PIERRE. — Vous avez raison, Jacques, de croire que les machines sont une des causes de la misère et du manque de travail, mais cela provient de ce qu'elles appartiennent aux riches. Si elles appartenaient aux travailleurs, ce serait tout le contraire : elles seraient la cause principale du bien-être de l'humanité. En effet, les machines ne font en réalité que travailler à notre place et plus rapidement que nous. Grâce aux machines, l'homme n'aura plus besoin de travailler pendant de longues heures pour satisfaire ses besoins et ne sera plus condamné à de pénibles travaux qui excèdent ses forces physiques. C'est pourquoi, si les machines étaient appliquées à toutes les branches de la production et appartenaient à tous, on pourrait, en quelques heures de travail léger et agréable, suffire à tous les besoins de la consommation, et chaque ouvrier aurait le temps de s'instruire, d'entretenir des relations d'amitié, de vivre en un mot et de jouir de la vie en profitant de toutes les conquêtes de la civilisation et de la science. Donc, souvenez-vous-en bien, il ne faut pas détruire les machines, il faut s'en emparer. Et puis, sachez que les messieurs feraient tout aussi bien défendre leurs machines contre ceux qui voudraient les détruire que contre ceux qui tenteraient de s'en emparer ; donc, puisqu'il faudrait faire le même effort et courir les mêmes périls, ce serait proprement une sottise de les détruire plutôt que de les prendre. Voudriez-vous détruire le blé et les maisons s'il y avait moyen de les partager entre tous? Certainement non. Eh bien! il faut en agir de même avec les machines, parce que, si elles sont entre les mains des patrons les instruments de notre misère et de notre servitude, elles deviendront dans nos mains des instruments de richesse et de liberté.

JACQUES. — Mais pour que tout allât bien avec ce système, il faudrait que tout le monde travaillât de bonne volonté. N'est-c pas?

Pierre. — Certainement.

Jacques. — Et s'il y en a qui veulent vivre sans travailler? La fatigue est dure et ne plaît même pas aux chiens.

Pierre. — Vous confondez la société, telle qu'elle est aujou.d'hui, avec la société telle qu'elle sera après la révolution. La fatigue, avez-vous dit, ne plaît pas même aux chiens; mais pourriez-vous rester des journées entières sans rien faire?

Jacques. — Moi non, parce que je suis habitué au travail, et quand je n'ai rien à faire, il me semble que les mains me démangent; mais il y en a tant qui resteraient toute la journée à l'auberge à jouer aux cartes ou à se promener sans rien faire.

Pierre. — Aujourd'hui; mais après la révolution, il n'en sera plus de même et je vous dirai pourquoi. Aujourd'hui, le travail est pénible, mal payé et méprisé. Aujourd'hui, celui qui travaille doit se tuer de fatigue, mourir de faim et être traité comme une bête de somme. Celui qui travaille n'a aucun espoir, il sait qu'il devra finir sa vie à l'hôpital s'il ne la finit pas aux galères; ne pouvant s'occuper de sa famille, il ne jouit en rien de la vie et souffre continuellement des mauvais traitements et des humiliations de toutes sortes. Celui qui ne travaille pas, au contraire, jouit de toutes ses aises; il est prisé, estimé; tous les honneurs, tous les plaisirs sont pour lui. Même parmi les ouvriers, celui qui travaille le moins et fait les choses les moins pénibles gagne davantage et est plus estimé. Quoi d'étonnant alors que les gens travaillent avec dégoût et saisissent avec empressement l'occasion de ne rien faire?

Quand, au contraire, le travail se fera dans des conditions humaines, pour un temps raisonnable, et conformément aux lois d'hygiène; quand le travailleur saura qu'il travaille pour le bien-être des siens et de tous les hommes; quand le travail sera la condition indispensable pour être estimé dans la société et que le paresseux sera livré au mépris public comme aujourd'hui l'espion et l'entremetteur, qui voudra alors renoncer à la joie de se savoir utile et aimé, pour vivre dans une oisiveté aussi funeste à son corps qu'à son esprit?

Aujourd'hui même, à part quelques rares exceptions, tout le monde éprouve une répugnance invincible, comme instinctive, pour le métier de mouchard ou pour celui d'entremetteur. Et pourtant, en faisant ces métiers abjects, on gagne beaucoup plus qu'à piocher la terre; on travaille peu ou point et l'on est plus ou moins protégé par l'autorité. Mais comme ce sont des métiers infâmes, qui marquent une profonde abjection morale, presque tous les hommes préfèrent la misère à cette infamie. Il y a, il est vrai, des exceptions; il y a des hommes faibles et corrompus qui préfèrent l'infamie, mais c'est parce qu'ils ont été obligés de choisir entre celle-ci et la misère. Quel est, au contraire, celui qui choisirait une vie infâme et méprisable s'il pouvait, en travaillant, avoir le bien-être et l'estime publique? Certes, si un tel fait venait à se produire, il serait si contraire au naturel de l'homme qu'on devrait le considérer comme un cas de folie quelconque.

Et n'en doutez pas : la réprobation publique contre la paresse ne manquerait pas de se produire, parce que le travail est le premier besoin d'une société ; le paresseux non seulement ferait du mal à tous en vivant sur le produit des autres, sans contribuer par son travail aux besoins de la communauté, mais il romprait l'harmonie de la nouvelle société et serait l'élément d'un parti de mécontents qui pourrait désirer le retour au passé. Les collectivités sont comme les individus : elles aiment et honorent ce qui est ou qu'elles croient utile ; elles haïssent et méprisent ce qu'elles savent ou croient nuisible. Elles peuvent se tromper et se trompent même trop souvent; mais, dans le cas dont il s'agit, l'erreur n'est pas possible, parce qu'il est de toute évidence que celui qui ne travaille pas, mange et boit aux dépens des autres et fait tort à tous.

Pour faire la preuve de cela, supposez que vous êtes associé avec d'autres hommes pour faire en commun un travail dont vous partagerez le produit en parties égales; certainement alors vous aurez des égards pour ceux de vos compagnons qui seront faibles ou inhabiles ; mais quant au paresseux, vous lui rendrez la vie tellement dure qu'il vous quittera ou aura bientôt envie de travailler. C'est ce qui arrivera dans la grande société, alors que la fainéantise de quelques-uns pourra produire un dommage sensible.

Et puis, à la fin du compte, si l'on ne pouvait marcher de l'avant, à cause de ceux qui ne voudraient pas travailler, ce que je crois impossible, le remède sera facile à trouver : on les expulsera, parbleu, de la communauté. Alors, n'ayant droit qu'à la matière première et aux instruments de travail, ils seront bien forcés de travailler s'ils veulent vivre.

JACQUES. — Tu commences à me convaincre ; mais, dis-moi, tous les hommes seraient-ils obligés de travailler la terre ?

PIERRE. — Pourquoi cela ? L'homme n'a pas besoin seulement de pain, de vin et de viande ; il lui faut aussi des maisons, des vêtements, des livres, en un mot tout ce que les travailleurs de tous les métiers produisent, et personne ne peut pourvoir seul à tous ses besoins. Déjà, pour travailler la terre, est-ce que l'on n'a pas besoin du forgeron et du menuisier qui font les outils, et, par suite, du mineur qui déterre le fer et du maçon qui construit les maisons, les magasins et ainsi de suite? Donc, il n'est pas dit que tous travailleront la terre, mais que tous feront des œuvres utiles.

La variété des métiers permettra d'ailleurs à chacun de choisir l'œuvre qui lui conviendra le mieux et ainsi, du moins dans la mesure du possible, le travail ne sera plus pour l'homme qu'un exercice, qu'un divertissement ardemment désiré.

JACQUES. — Donc chacun sera libre de choisir le métier qu'il voudra?

PIERRE. — Certainement, en ayant soin que les bras ne se portent pas exclusivement sur certains métiers et ne manquent pas à d'autres.

Comme on travaillera dans l'intérêt de tous, il faut faire en sorte que tout ce qui est nécessaire soit produit, en conciliant autant que possible l'intérêt général et les préférences individuelles. Mais vous verrez que tout s'arrangera pour le mieux, quand il n'y aura plus de patrons qui nous font travailler pour un morceau de pain, sans que nous puissions nous occuper de savoir à quoi et à qui sert notre travail.

Jacques. — Tu dis que tout s'arrangera, et moi, au contraire, je crois que personne ne voudra faire les métiers pénibles; tous voudront être avocats ou docteurs. Qui labourera la terre? Qui voudra risquer sa santé et sa vie dans les mines? Qui voudra entrer dans des puits noirs et toucher au fumier?

Pierre. — Ah! quant aux avocats, laissez-les de côté, car c'est là, comme les prêtres, une gangrène que la révolution sociale fera disparaître complètement. Parlons des travaux utiles et non de ceux faits aux dépens du prochain; sinon, il faudra compter aussi comme travailleur l'assassin des rues qui souvent doit supporter de grandes souffrances.

Aujourd'hui nous préférons un métier à un autre, non parce qu'il est plus ou moins conforme à nos facultés et à nos goûts, mais parce qu'il est plus facile à apprendre, parce que nous gagnons ou espérons gagner plus, parce que nous pensons trouver plus facilement de l'occupation, et, en seconde ligne seulement, parce que tel ou tel travail peut être moins pénible qu'un autre. En somme, le choix d'un métier nous est surtout imposé par notre naissance, le hasard et les préjugés sociaux. Par exemple, le métier de laboureur est un métier qui ne plairait à aucun citadin, même parmi les plus misérables. Et pourtant l'agriculture n'a rien de répugnant en soi, et la vie des champs ne manque pas de plaisirs. Bien au contraire, si vous lisez les poètes, vous les voyez pleins d'enthousiasme pour la vie champêtre. Mais la vérité est que les poètes qui font des livres n'ont jamais labouré la terre, tandis que les cultivateurs se tuent de fatigue, meurent de faim, vivent plus mal que les bêtes et sont traités comme des gens de rien, tellement que le dernier vagabond des villes se trouve offensé de s'entendre appeler paysan. Comment voulez-vous alors que les gens travaillent volontiers la terre? Nous-mêmes, qui sommes nés à la campagne, nous la quittons aussitôt que nous en avons la possibilité, parce que, quoi que nous fassions, nous sommes mieux ailleurs et plus respectés. Mais qui de nous voudrait quitter les champs s'il travaillait pour son compte et trouvait dans le travail de la terre bien-être, liberté et respect?

Il en est de même pour tous les métiers, parce que le monde est ainsi fait aujourd'hui que plus un travail est nécessaire, pénible, plus il est mal rétribué, méprisé et fait dans des conditions inhumaines. Par exemple, allez dans l'atelier d'un orfèvre et vous trouverez que, en comparaison des immondes taudis dans lesquels nous vivons, nous, le local est propre, bien aéré, chauffé l'hiver, que le travail quotidien n'est pas très long et que les ouvriers, quoique mal payés, car le patron leur prend encore le meilleur de leur produit, sont cependant assez bien traités par rapport aux autres travailleurs ; la soirée, pour eux, est une fête ; quand ils ont quitté la veste de travail, ils vont où ils veulent sans craindre que les gens les toisent et les bafouent. Au contraire, allez dans une mine, et vous verrez de pauvres gens qui travaillent sous terre, dans un air pestilentiel et qui consument en peu d'années leur vie pour un salaire dérisoire ; si, par hasard, après avoir fini leur travail, ils se permettent d'aller là où se réunissent les messieurs, bien heureux si on ne les en chasse que par des railleries ! Comment s'étonner après cela qu'un homme préfère être orfèvre que mineur ?

Je ne vous dis rien de ceux qui ne manient d'autres ustensiles que la plume. Figurez-vous cela : un homme qui ne fait que de mauvais articles de journaux gagne dix fois plus qu'un paysan et il est estimé bien plus qu'un honnête travailleur.

Par exemple, les journalistes travaillent dans des salles élégantes, les cordonniers dans de tristes échoppes ; les ingénieurs, les médecins, les artistes, les professeurs, quand ils ont du travail et qu'ils savent bien leur métier, vivent comme des seigneurs ; les maçons, au contraire, les imprimeurs, les ouvriers de toutes sortes, et l'on peut ajouter aussi les maîtres d'école, meurent de faim même en se tuant de travail. Je ne veux pas dire par cela, entendez-moi bien, que seul le travail manuel est utile, car l'étude est au contraire le seul moyen de vaincre la nature, de se civiliser et d'acquérir plus de liberté et de bien-être ; les médecins, les ingénieurs, les chimistes, les professeurs sont aussi utiles et nécessaires dans la société moderne que les paysans et autres ouvriers. Je veux dire seulement que tous les travaux utiles doivent être également appréciés et faits de telle sorte que le travailleur trouve une égale satisfaction à les faire ; je veux dire aussi que les travaux intellectuels, qui sont par eux-mêmes un grand plaisir, qui donnent à l'homme une grande supériorité sur celui qui reste dans l'ignorance, doivent être accessibles à tous et non pas rester le privilège d'un petit nombre.

JACQUES. — Mais si tu dis toi-même que le travail intellectuel est un grand plaisir et donne un avantage sur ceux qui sont ignorants, il est clair que tous voudront étudier, moi tout le premier. Et alors qui fera les travaux manuels ?

PIERRE. — Tous, parce que tout en étudiant les lettres et les sciences, on doit faire aussi un travail physique ; tous doivent travailler avec la tête et les bras. Ces deux genres de travail, loin de se nuire, se soutiennent, parce que l'homme, pour se bien porter, a besoin d'exercer tous ses organes : le cerveau aussi bien que les muscles. Celui qui a l'intelligence développée et qui est habitué à penser réussit mieux dans le travail manuel, et celui qui est en bonne santé, comme on est lorsqu'on exerce ses membres dans des conditions hygiéniques, a aussi l'esprit plus éveillé et plus pénétrant.

Du reste, puisque les deux genres de travail sont nécessaires, puisque l'un d'eux est plus agréable que l'autre et que, grâce à lui, l'homme acquiert la conscience et la dignité, il n'est pas juste qu'une partie de l'humanité soit condamnée à l'abrutissement du travail exclusivement manuel, pour laisser à quelques hommes seulement le privilège de la science et par suite du pouvoir ; par conséquent, je le répète, tous doivent travailler à la fois physiquement et intellectuellement.

JACQUES. — Cela aussi, je le comprends ; mais, parmi les travaux manuels, il y en aura toujours qui seront durs et d'autres faciles, il y en aura de beaux et de laids. Qui voudra, par exemple, se faire mineur ou vidangeur ?

PIERRE. — Si vous saviez, mon cher Jacques, quelles inventions et quelles études on a faites et l'on fait chaque jour, vous comprendriez que, même aujourd'hui, si l'organisation du travail ne dépendait pas de ceux qui ne travaillent pas et qui, par conséquent, ne s'inquiètent nullement du bien-être des travailleurs, même aujourd'hui tous les métiers manuels pourraient être exercés dans des conditions telles qu'ils n'auraient plus rien de répugnant, de malsain et de trop pénible, et par conséquent pourraient être exercés par les travailleurs qui les choisiraient volontairement. Si la chose est possible actuellement, représentez-vous alors ce qui arriverait, le jour où, tous devant travailler, les efforts et les études de tous seraient dirigés de manière à rendre le travail moins lourd et plus agréable !

Et si, après cela, il y avait encore des métiers qui continueraient à être plus durs que les autres, on chercherait à compenser cette inégalité au moyen de certains avantages ; sans compter que lorsqu'on travaille tous en commun dans l'intérêt de tous, on voit naître cet esprit de fraternité et de condescendance qui est le propre de la famille, de telle sorte que, bien loin de vouloir s'épargner une fatigue, chacun cherche à faire lui-même les choses les plus pénibles.

JACQUES. — Tu as raison, mais si tout cela n'arrive pas, comment fera-t-on ?

PIERRE. — Eh bien ! si, malgré tout, il restait encore des travaux nécessaires que personne ne voudrait faire par libre choix, alors nous les ferions tous, chacun un peu, en travaillant, par exemple, un jour par mois, une semaine par an, ou autrement. Mais soyez tranquille, si une chose est nécessaire à tous, on trouvera bien le moyen de la faire. Est-ce qu'aujourd'hui nous n'acceptons pas d'être soldat pour plaire à d'autres ? Est-ce que nous n'allons pas combattre contre des gens qui ne nous ont fait aucun mal, et même contre nos amis et nos frères ? Il vaudra mieux, je crois, être travailleurs pour notre plaisir et pour le bien de tous.

JACQUES. — Tu sais que tu commences à me persuader. Pourtant il y a encore quelque chose qui n'entre pas bien dans ma tête. C'est une grosse affaire d'enlever la propriété aux messieurs. Je ne sais pas, mais... est-ce qu'il n'y aurait pas moyen de faire autrement ?

PIERRE. — Et comment voulez-vous faire ? Tant qu'elle restera entre les mains des riches, ce sont eux qui commanderont et chercheront leurs intérêts sans s'occuper des notres, comme ils ont fait depuis que le monde est monde. Mais pourquoi ne voulez-vous pas enlever la propriété aux messieurs? Croyez-vous par hasard que ce serait une chose injuste, une mauvaise action?

JACQUES. — Non pas; après ce que tu m'as dit, il me paraît que ce serait une sainte chose, puisque, en la leur arrachant, nous leur arracherons aussi notre chair dont ils se gorgent. Et puis, si nous prenons la fortune, ce n'est pas pour la prendre pour nous seuls, c'est pour la mettre en commun et faire le bien de tous, n'est-ce pas?

PIERRE. — Sans doute, et même, si vous examinez bien la chose, vous verrez que les messieurs eux-mêmes y gagneront. Certainement ils devront cesser de commander, de faire les fiers et d'être des fainéants ; ils devront se mettre à travailler, mais quand le travail se fera à l'aide des machines, et avec un grand souci du bien-être des travailleurs, il se réduira à un utile et agréable exercice. Est-ce que maintenant les messieurs ne vont pas à la chasse? Est-ce qu'ils ne s'occupent pas d'équitation, de gymnastique et d'autres exercices qui prouvent que le travail musculaire est une nécessité et un plaisir pour tous les hommes sains et bien nourris ? Il s'agit donc pour eux de faire pour la production ce travail qu'ils font aujourd'hui par pur divertissement. D'ailleurs, combien d'avantages tireront-ils du bien-être général! Regardez, par exemple, dans notre pays : les quelques messieurs qu'il y a sont riches et jouent aux petits princes; mais, pendant ce temps, les rues sont laides et sales pour eux comme pour nous; l'air corrompu qui sort de nos taudis et des marais du voisinage les rend malades comme nous ; ils ne peuvent seuls, avec leurs fortunes particulières, améliorer le pays, chose qui se ferait facilement par le concours de tous. Notre misère les atteint donc indirectement. Et tout cela, sans compter la peur continuelle dans laquelle ils vivent d'être assassinés ou de voir une révolution violente.

Donc, vous voyez bien que nous ne ferions que du bien aux messieurs en prenant la fortune. Il est vrai qu'ils ne l'entendent pas et qu'ils ne l'entendront jamais ainsi, parce qu'ils veulent commander et qu'ils se figurent que les pauvres sont faits d'une autre pâte qu'eux. Mais que nous importe? S'ils ne veulent pas s'arranger de bonne volonté, tant pis pour eux, nous saurons bien les y contraindre.

JACQUES. — Tout cela est juste; mais ne pourrait-on pas chercher à faire les choses peu à peu, par un accord mutuel? On laisserait la propriété à ceux qui la possèdent, à condition cependant qu'ils augmentent les salaires et nous traitent comme des hommes. Ainsi, graduellement, nous pourrions mettre quelque chose de côté, acheter, nous aussi, un morceau de terre, et alors, quand nous serions tous propriétaires, on mettrait tout en commun comme tu dis. J'en ai entendu un qui proposait quelque chose dans ce genre.

PIERRE. — Comprenez bien : pour s'arranger à l'amiable, il n'y a qu'un seul moyen : c'est que les propriétaires renoncent volontairement à leurs propriétés. Mais il ne faut pas penser à cela, vous le savez.

Tant qu'existera la propriété individuelle, c'est-à-dire tant que la terre, au lieu d'appartenir à tous, appartiendra à Pierre ou à Paul, il y aura toujours de la misère et tout ira de mal en pis. Avec la propriété individuelle, chacun cherche à tirer l'eau à son moulin et les propriétaires, non seulement, tâchent de donner aux travailleurs le moins qu'ils peuvent, mais encore se font la guerre entre eux : en général, chacun cherche à vendre ses produits le plus qu'il peut et chaque acheteur, de son côté, cherche à payer le moins possible. Alors, qu'arrive-t-il? C'est que les propriétaires, les fabricants, les grands négociants, qui ont les moyens de fabriquer et de vendre en gros, de se pourvoir de machines, de profiter de toutes les conditions favorables du marché et d'attendre, pour la vente, le moment favorable, et même de vendre à perte pendant quelque temps, finissent par ruiner les petits propriétaires et négociants, qui tombent dans la pauvreté et doivent, eux et leurs fils, aller travailler à la journée. Ainsi (et c'est une chose que nous voyons tous les jours) les patrons qui travaillent seuls, ou avec peu d'ouvriers, sont forcés, après une lutte douloureuse, de fermer boutique et d'aller chercher du travail dans les grandes fabriques; les petits propriétaires, qui ne peuvent même pas payer les impôts, doivent vendre champs et maison aux grands propriétaires, et ainsi de suite. De telle sorte que si un propriétaire ayant bon cœur voulait améliorer les conditions de ses travailleurs, il ne ferait que se mettre en état de ne plus pouvoir soutenir la concurrence; il serait infailliblement ruiné.

D'autre part, les travailleurs, poussés par la faim, doivent se faire concurrence entre eux, et, comme il y a plus de bras disponibles qu'il n'en faut pour le travail à faire (non pas que le travail au fond manque, mais parce que les patrons ont intérêt à ne pas faire travailler davantage), ils doivent mutuellement s'arracher le pain de la bouche et, si vous travaillez pour telle ou telle somme, il se trouvera toujours un autre ouvrier qui fera à moitié prix la même besogne.

C'est grâce à cette situation que tout progrès même devient un malheur. On invente une machine; aussitôt un grand nombre d'ouvriers restent sans travail; ne gagnant plus, ils ne peuvent pas consommer et ainsi, indirectement, ils enlèvent du travail à d'autres. En Amérique, on met maintenant en culture d'immenses espaces et l'on produit beaucoup de grain; les propriétaires de là-bas, sans s'inquiéter, bien entendu, de savoir si en Amérique les gens mangent à leur faim, envoient le blé en Europe pour gagner davantage. Ici, le prix du blé baisse, mais les pauvres, au lieu d'être mieux, s'en trouvent plus mal, car les propriétaires, ne pouvant s'arranger de ce bon marché, ne font plus cultiver la terre ou font seulement travailler la petite partie où le sol est plus productif; par suite, un grand nombre de travailleurs restent inoccupés. Le blé coûte peu, c'est vrai, mais les pauvres gens ne gagnent même pas les quelques sous qu'il faut pour en acheter.

JACQUES. — Ah! maintenant, je comprends. J'avais entendu dire qu'on ne voulait pas faire venir le blé du dehors, et cela me semblait une grande coquinerie de repousser ainsi cette nourriture ; je croyais que les bourgeois voulaient affamer le peuple. Mais à présent, je vois qu'ils avaient leurs raisons.

PIERRE. — Non, non, parce que si le blé n'arrive pas, c'est mauvais à un autre point de vue. Les propriétaires, alors, ne craignant plus la concurrence extérieure, vendent au prix qu'ils veulent et...

JACQUES. — Que faire donc ?

PIERRE. — Que faire ? Je vous l'ai déjà dit : il faut mettre tout en commun. Alors, plus il y aura de produits et mieux ça ira...

JACQUES. — Mais dis-moi un peu... et si l'on faisait un arrangement avec les propriétaires ? Ils fourniraient la terre et le capital, nous, le travail, et l'on partagerait les produits. Qu'en dis-tu ?

PIERRE. — D'abord, je dis que si vous voulez partager, vous, votre patron ne le voudrait pas. Il faudrait employer la force pour l'y obliger. Alors, pourquoi faire les choses à demi et se contenter d'un système qui laisse subsister l'injustice et le parasitisme et empêche l'accroissement de la production ? Et puis, de quel droit certains hommes, ne travaillant pas, viendraient-ils prendre la moitié de ce que produisent les travailleurs ?

D'ailleurs, comme je vous l'ai dit, non seulement la moitié des produits sera donnée aux patrons, mais encore la somme totale de ces produits serait inférieure à ce qu'elle pourrait être, parce que, avec la propriété particulière et le travail divisé, on produit moins qu'avec le travail en commun. C'est la même chose que pour soulever un rocher : cent hommes peuvent essayer isolément, ils n'y réussiront pas ; deux ou trois agissant en même temps le soulèveront sans effort. Si un homme veut faire une épingle, qui sait s'il y parviendra en une heure ; tandis que dix hommes ensemble en font des milliers par jour. Et plus l'on ira, plus l'on devra travailler en commun pour mettre à profit les découvertes de la science.

Mais, à ce propos, je veux répondre à une objection qu'on nous fait souvent.

Les économistes, qui sont des gens payés par les riches pour s'entendre dire qu'ils ont le droit d'être riches aux dépens du travail d'autrui, les économistes et tous les savants au ventre plein disent souvent que la misère ne dépend pas de l'accaparement de la propriété par les hautes classes, mais bien du manque de produits naturels : d'après eux, ces produits seraient tout à fait insuffisants, si on les distribuait à tous. Ils disent cela évidemment afin de pouvoir conclure que la misère est une chose fatale, contre laquelle il n'y a rien à faire : c'est ainsi qu'agit le prêtre qui vous tient dociles et soumis en vous disant que telle est la volonté de Dieu. Mais il ne faut pas croire un mot de cela. Les produits de la terre et de l'industrie, même avec l'organisation actuelle, sont suffisants pour que chacun puisse vivre dans l'aisance, et s'ils ne sont pas encore plus abondants, la faute en est aux patrons qui ne pensent qu'à gagner le plus possible et qui iront même jusqu'à laisser perdre certains produits pour empêcher la baisse des prix. Et, en effet, tandis qu'ils prétendent qu'il n'y a pas assez de richesses naturelles, ils laissent incultes de grands espaces de terre, et sans travail un grand nombre d'ouvriers.

Mais à cela ils vous répondent que, quand bien même toutes les terres seraient mises en culture et exploitées par tous les hommes de la manière la plus intelligente, la production de la terre étant limitée alors que l'accroissement de la population ne l'est pas, il arriverait toujours un moment où la production des substances alimentaires resterait stationnaire, tandis que la population augmenterait indéfiniment, et la disette avec elle. C'est pour cela, disent-ils, que l'unique remède aux maux sociaux est que les pauvres ne fassent point d'enfants ou du moins n'en fassent qu'un petit nombre. J'ai peu étudié et j'ignore si leur principe est vrai, mais ce que je sais, c'est que leur remède ne remédie à rien. Nous le voyons bien dans les pays où la terre est abondante et la population faible : il y a autant et même plus de misère que dans les pays où la population est dense. Il faut donc changer l'organisation sociale, mettre toutes les terres en culture. Plus tard, si la population tendait à trop augmenter, il serait temps de songer à limiter le nombre des enfants...

Mais revenons à la question du partage du produit entre le propriétaire et le travailleur. Ce système existait autrefois pour le travail des champs dans quelques parties de la France, comme il existe encore en Toscane, mais il a disparu peu à peu, parce que les propriétaires ont plus d'avantage à faire travailler à la journée. Aujourd'hui, avec les machines, avec l'agriculture scientifique, avec les produits qui viennent du dehors, c'est devenu une nécessité pour les propriétaires d'adopter la grande culture faite par des ouvriers salariés ; ceux qui ne le feront pas seront ruinés par la concurrence.

Pour conclure en peu de mots, je vous dirai que si le système actuel se perpétue, voici quels en seront les résultats : la propriété se concentrera de plus en plus dans les mains d'un petit nombre et le travailleur sera réduit à la misère par les machines et les méthodes de production rapide. Ainsi nous aurons quelques grands seigneurs, maîtres du monde, un petit nombre d'ouvriers attachés au service des machines, puis des valets et des gendarmes pour servir et défendre les seigneurs. La masse du peuple, ou mourra de faim, ou vivra d'aumônes. On commence déjà à le voir : la petite propriété disparaît, le nombre des ouvriers sans travail augmente, et les messieurs, soit par peur, soit par pitié de tous ces gens qui meurent de faim, organisent des cuisines économiques.

Si le peuple ne veut pas être réduit à mendier son pain à la porte des riches et dans les mairies, comme autrefois à la porte des couvents, il n'a qu'un moyen : s'emparer de la terre et des machines et travailler pour son propre compte.

Jacques. — Mais si les gouvernements faisaient de bonnes lois pour obliger les riches à ne pas faire souffrir les pauvres gens ?

PIERRE. — Nous revenons toujours au même point. Le gouvernement est composé des messieurs, et il n'y a pas à supposer que ces gens-là veuillent faire des lois contre eux-mêmes. Et quand bien même les pauvres pourraient arriver à commander à leur tour, serait-ce une raison de laisser aux riches les moyens de nous remettre le pied dessus ? Croyez-moi, là où il y a des riches et des pauvres, ceux-ci peuvent élever la voix un moment, en temps d'émeute, mais les riches finissent toujours par commander. C'est pour cela que si nous réussissons à être pour un moment les plus forts, il nous faudra enlever immédiatement la propriété aux riches pour qu'ils n'aient plus en mains le moyen de remettre les choses en l'état d'auparavant.

JACQUES. — Je comprends. il faut faire une bonne *république*, rendre tous les hommes égaux, et alors, celui qui travaillera mangera, celui qui ne fera rien se frottera le ventre. Ah! je regrette d'être vieux, et vous êtes heureux, vous, les jeunes, qui verrez une belle époque.

PIERRE. — Eh! doucement, ami.

Vous, par le mot *république*, vous entendez la révolution sociale et, pour qui sait vous comprendre, vous avez raison. Mais vous vous exprimez mal, en somme, car la république n'est pas du tout ce que vous voulez dire. Mettez-vous bien dans l'idée que le gouvernement républicain est un gouvernement comme les autres ; seulement, au lieu d'un roi il y a un président et des ministres, qui ont en réalité les mêmes pouvoirs. Nous le voyons bien ici en France, et quand bien même nous aurions la république démocratique que les radicaux nous promettent, en quoi serions-nous plus avancés? Au lieu de deux Chambres, nous n'en aurions qu'une, celle des députés ; mais est-ce que nous n'en continuerions pas moins à être soldats, à travailler comme des esclaves malgré les promesses mirobolantes de messieurs les députés ?

Voyez-vous, tant qu'il y aura des riches et des pauvres, ce sont les riches qui commanderont. Que nous soyons en république ou en monarchie, les faits qui résultent de la propriété individuelle existeront toujours. La concurrence réglant les rapports économiques, la propriété se concentrera en peu de mains, les machines enlèveront le travail aux ouvriers et les masses seront réduites à mourir de faim ou à vivre d'aumônes. D'ailleurs, il en existe à l'heure actuelle, des républiques, sans compter la nôtre qui devait donner monts et merveilles; eh bien! est-ce qu'elles ont apporté une amélioration à la condition des prolétaires?

JACQUES. — Comment cela? Et moi qui croyais que république voulait dire égalité!

PIERRE. — Oui, ce sont les républicains qui le disent et ils tiennent le raisonnement suivant : « En république, disent-ils, les députés, qui font des lois, sont élus par tout le peuple; par conséquent, lorsque le peuple n'est pas content, il envoie de meilleurs députés et tout s'arrange;

or, comme ce sont les pauvres qui sont la grande majorité, ce sont eux en réalité qui commanderont. »

Voilà ce qu'ils disent, mais la réalité est bien différente. Les pauvres, qui, par le fait même qu'ils sont pauvres, sont en même temps ignorants et superstitieux, resteront tels, comme le veulent les prêtres et les patrons, tant qu'ils ne jouiront pas de l'indépendance économique et n'auront pas la pleine conscience de leurs intérêts.

Vous et moi, qui avons eu la bonne fortune de gagner un peu plus et de pouvoir nous instruire un peu, nous pourrons avoir l'intelligence de comprendre nos intérêts et la force d'affronter la vengeance des patrons; mais la grande masse ne le pourra pas tant que dureront les conditions actuelles. En face de l'urne, ce n'est pas comme en temps de révolution, où un homme courageux vaut cent timides et entraîne après lui beaucoup d'hommes qui n'auraient jamais eu, par eux-mêmes, l'énergie de se révolter. En face de l'urne, ce qui compte, c'est le nombre, et tant qu'il y aura des curés et des patrons, le nombre sera toujours pour les prêtres qui menacent de l'enfer et pour les patrons qui donnent ou enlèvent le pain à qui bon leur semble.

Mais quoi! ne le savez-vous pas, par hasard? Aujourd'hui, par exemple, la majeure partie des électeurs sont des pauvres; cependant, les voyez-vous choisir des pauvres comme eux pour les représenter et défendre leurs intérêts?

Jacques. — Ah! quant à cela, non : ils demandent toujours au patron pour qui ils doivent voter et font comme il leur commande; s'ils ne le font pas du reste, le patron les chasse.

Pierre. — Donc, vous le voyez, il n'y a rien à espérer du suffrage universel. Le peuple enverra toujours des bourgeois au Parlement et les bourgeois s'arrangeront pour tenir le peuple toujours ignorant et esclave comme devant. Et d'ailleurs, y enverrait-on des ouvriers que ceux-ci, avec la meilleure volonté du monde, ne pourraient rien faire dans ce milieu corrompu. C'est pour cela qu'il n'y a qu'un seul moyen d'arriver à un bon résultat : exproprier les riches et donner tout au peuple. Dans la prochaine révolution, il ne faut pas que le peuple se laisse tromper comme il l'a été tant de fois par les républicains. On lui a fait croire jusqu'ici que la forme républicaine était la meilleure forme sociale qui pût exister et c'est en lui promettant monts et merveilles qu'on lui a fait lâcher son fusil les jours de révolution. Une autre fois, il ne faudra pas se laisser leurrer par de vaines paroles et l'on devra s'emparer résolument de la propriété.

Jacques. — Tu as raison : nous avons été tant de fois trompés qu'il nous faut ouvrir les yeux. Mais cependant, il faudra bien toujours un gouvernement, car s'il n'y a personne pour commander, comment les choses marcheront-elles?

Pierre. — Et qu'a-t-on besoin d'être commandé? Pourquoi ne ferions-nous pas nos affaires nous-mêmes?

Celui qui commande cherche toujours son avantage, et, soit par ignorance, soit par malveillance, il trahit le peuple. Le pouvoir fait monter
des bouffées d'orgueil à la tête même des meilleurs.

Du reste, et c'est là la principale raison de ne vouloir aucun chef, il
faut que les hommes cessent d'être menés comme un troupeau et s'ha-
bituent à penser et à prendre connaissance de leur dignité et de leur force!

Pour éduquer le peuple, l'habituer à la liberté et à la gestion de ses
affaires, il faut le laisser agir par lui-même, lui faire sentir la responsabilité de ses actes. Il pourra se tromper et faire mal souvent, mais il en
verra lui-même les conséquences, il comprendra qu'il a fait mal et chan-
gera de voie; sans compter que le mal que pourra faire le peuple aban-
donné à lui-même ne représente pas la millième partie de celui que fait
le meilleur gouvernement. Pour qu'un enfant apprenne à marcher, il
faut le laisser marcher lui-même et ne pas s'effrayer des quelques chutes
qu'il pourra faire.

Jacques. — Oui, mais pour que l'enfant puisse être mis à même de
marcher, il faut qu'il ait déjà une certaine force dans les jambes, sinon il
devra rester aux bras de sa mère.

Pierre. — C'est vrai, mais les gouvernements ne ressemblent en rien à
une mère et ce ne sont pas eux qui améliorent et fortifient le peuple; en
réalité, les progrès sociaux se font presque toujours contre ou malgré le
gouvernement. Celui-ci, tout au plus, fait passer dans la loi ce qui est
devenu le besoin et la volonté de la masse, et encore il le gâte par son
esprit de domination et de monopole. Il y a des peuples plus ou moins
avancés; cependant, dans n'importe quel état de civilisation ou même de
barbarie, le peuple ferait mieux ses affaires qu'avec un gouvernement issu
de son sein.

Vous supposez, à ce que je vois, que le gouvernement est composé des
plus intelligents et des plus capables; mais il n'en est rien, parce que, en
général, les gouvernements sont composés, directement ou par délégation,
de ceux qui ont le plus d'argent. D'ailleurs, l'exercice du pouvoir gâte les
meilleurs esprits. Mettez au gouvernement des hommes jusqu'alors excel-
lents. Qu'arrivera-t-il? Ne comprenant plus les besoins du peuple, contraints de s'occuper des intérêts que crée la politique, corrompus par le
manque d'émulation et de contrôle, distraits de la branche d'activité dans
laquelle ils avaient une compétence réelle et obligés de faire des lois sur
des choses dont ils n'avaient jamais entendu parler jusqu'alors, ils fini-
ront par se croire d'une nature supérieure, par se constituer en caste
et ils ne s'occuperont du peuple que pour le frustrer et le tenir en
bride.

Il vaudrait donc bien mieux que nous fissions nous-mêmes nos affaires,
en nous mettant d'accord avec les travailleurs des autres métiers et des
autres pays, non seulement de France et d'Europe, mais du monde entier,
parce que les hommes sont tous frères et ont intérêt à s'entr'aider. Ne
vous semble-t-il pas?

JACQUES. — Oui, tu as raison. Mais les méchants, les voleurs, les bandits, qu'est-ce qu'on en fera ?

PIERRE. — D'abord, quand il n'y aura plus de misère et d'ignorance, tous ces gens-là n'existeront pas. Mais en admettant qu'il en reste encore quelques-uns, est-ce que ce serait une raison pour avoir un gouvernement et une police ? Est-ce que nous ne pourrons pas nous-mêmes les mettre à la raison ? Seulement, bien entendu, nous ne les maltraiterons pas comme on fait aujourd'hui aux innocents aussi bien qu'aux coupables, mais nous les mettrons en situation de ne pas nuire et nous ferons tout pour les remettre dans le droit chemin.

JACQUES. — Donc, quand nous aurons le socialisme, tous seront heureux et contents, et il n'y aura plus ni misères, ni haines, ni jalousie, ni prostitution, ni guerres, ni injustices ?

PIERRE. — J'ignore jusqu'à quel degré de félicité l'humanité pourra arriver, mais je suis convaincu que tout sera aussi bien que possible. D'ailleurs, on cherchera à améliorer les choses de plus en plus, et les progrès ne seront pas comme aujourd'hui au profit de quelques-uns, mais au profit de tous.

JACQUES. — Mais quand cela arrivera-t-il ?
Je suis vieux, et maintenant que je sais que le monde n'ira pas toujours ainsi, il me déplairait de mourir sans avoir vu au moins un jour de justice.

PIERRE. — Quand cela arrivera-t-il ?
Je n'en sais rien. Cela dépend de nous. Plus nous travaillerons pour ouvrir les yeux aux gens, plus tôt cela se fera.

Cependant il faut dire ceci. Avant ce siècle-ci, ceux qui sont aujourd'hui des messieurs, des bourgeois, comme nous les appelons, étaient assujettis de mille manières aux nobles et aux prêtres. En 1789 éclata en France la grande révolution qui, après bien des vicissitudes, finit par délivrer les bourgeois et leur donner, avec la liberté, le pouvoir. Dans quelques années, en 1889, s'achèvera le siècle où s'est faite la révolution bourgeoise et il y a bien des gens qui disent que cette année verra s'accomplir la révolution des pauvres, révolution qui ne se fera pas au profit d'une seule classe, comme celle du siècle passé, mais pour le genre humain tout entier (1).

Quand beaucoup de gens croient une chose de ce genre, elle finit par se réaliser ; donc l'année 1889 pourrait bien être celle de notre délivrance. Cependant, faites bien attention qu'il n'y a rien de fatal dans cette date ; la révolution pourra se faire avant ou après.

Je vous le répète, cela dépend de nous. Si nous travaillons à faire la révolution, elle aura lieu en 1889 et même avant ; si, au contraire, nous nous endormons, si nous attendons que les alouettes nous tombent toutes rôties du ciel, il pourra se passer des siècles avant qu'elle ait lieu.

JACQUES. — Je te comprends ; mais puisque nous sommes ensemble, je

____

(1) La première publication de cette brochure date de 1885.

voudrais te demander encore quelques explications avant de nous quitter J'entends souvent parler de *communistes*, de *socialistes*, d'*internationalistes*, de *collectivistes*, d'*anarchistes* : que signifient tous ces noms ?

PIERRE. — Ah ! justement vous faites bien de me demander cela, parce qu'il n'y a rien de tel que de s'entendre sur la valeur des mots.

Donc, vous devez savoir que les socialistes sont ceux qui croient que la misère est la cause première de tous les maux sociaux et que, tant qu'on ne détruira pas la misère, on ne pourra extirper ni l'ignorance, ni l'esclavage, ni l'inégalité politique, ni la prostitution, ni aucun des maux qui maintiennent le peuple dans une si horrible situation, et qui pourtant ne sont rien en regard des souffrances venant directement de la misère elle-même. Les socialistes croient que la misère dépend du fait que la terre et toutes les matières premières, les machines et tous les instruments de travail appartiennent à un petit nombre d'individus qui disposent ainsi de la vie de toute la classe ouvrière et se trouvent en lutte continuelle et en concurrence, non seulement avec les *prolétaires*, c'est-à-dire ceux qui n'ont rien, mais encore entre eux, pour la possession de la propriété. Les socialistes croient qu'en abolissant la propriété individuelle, c'est-à-dire la cause, on abolira du même coup la misère qui en est l'effet. Et cette propriété peut et doit être abolie, parce que l'organisation et la distribution de la richesse doivent se faire suivant l'intérêt actuel des hommes, sans égard pour les droits, soi-disant acquis, que les bourgeois s'arrogent maintenant parce que leurs aïeux furent plus forts, ou plus heureux, ou plus canailles que les autres.

Donc, vous le voyez, le nom de *socialistes* désigne tous ceux qui veulent que la richesse sociale serve à tous les hommes et qu'il n'y ait plus ni propriétaires et prolétaires, ni riches et pauvres, ni patrons et employés.

Il y a quelques années, on le comprenait ainsi et il suffisait de se dire socialiste pour être haï et poursuivi par les bourgeois qui auraient préféré cent fois voir un million d'assassins qu'un seul socialiste. Mais quand les bourgeois virent que, malgré toutes leurs persécutions et leurs calomnies, le socialisme faisait son chemin, que le peuple commençait à ouvrir les yeux, alors ils pensèrent qu'il fallait chercher à embrouiller la question pour pouvoir mieux tromper les gens, et beaucoup d'entre eux commencèrent à dire qu'eux aussi étaient socialistes, parce qu'ils voulaient le bien du peuple et pensaient à détruire ou à *diminuer* la misère. Autrefois donc, ils disaient que la question sociale, c'est-à-dire la question de la misère, n'existait pas ; aujourd'hui, au contraire, que le socialisme leur fait peur, ils affirment que tout homme qui étudie la question dite sociale est lui aussi socialiste, comme si on pouvait appeler médecin celui qui étudie une maladie dans l'intention, non de la guérir, mais bien de la faire durer.

C'est ainsi qu'aujourd'hui vous trouvez des personnes qui se disent socialistes, parmi les républicains, parmi les royalistes, parmi les cléricaux, parmi les magistrats, partout enfin, mais leur socialisme consiste à se faire nommer députés, à force de promesses qu'ils seraient incapables de tenir.

Aussi, voyez-vous, quand un homme vous dira qu'il est socialiste, demandez-lui s'il veut abolir la propriété individuelle et mettre les biens en commun. Si oui, embrassez-le comme un frère; si non, défiez-vous de lui, c'est un ennemi.

JACQUES. — Donc tu es socialiste; cela, je le comprends. Mais que veulent dire les mots *communiste* et *collectiviste?*

PIERRE. — Les communistes et les collectivistes sont les uns et les autres des socialistes, mais ils ont des idées différentes sur ce qu'on devra faire après que la propriété aura été mise en commun.

Les collectivistes disent que chaque travailleur, ou mieux chaque association de travailleurs a droit à la matière première et aux instruments de travail, et que chacun est maître du produit de son propre travail. Tant qu'il vit, il en fait ce qu'il veut; quand il meurt, ce qu'il a mis de côté retourne à l'association. Ses enfants ont, eux aussi, les moyens de travailler et de jouir du fruit de leur travail, mais les laisser hériter serait un premier pas fait vers l'inégalité et le privilège. En ce qui regarde l'instruction, l'éducation des enfants, l'entretien des vieillards et des infirmes et l'ensemble des services publics, chaque association de travailleurs donnerait tout ce qu'il faudrait pour suppléer ce qui pourrait manquer aux membres de la communauté.

Les communistes, eux, disent ceci : Puisque, pour que tout aille bien, il faut que les hommes s'aiment et se considèrent comme membres d'une même famille; puisque la propriété doit être en commun; puisque le travail, pour être productif et accompli au moyen des machines, doit être fait par de grandes réunions d'ouvriers; puisque, pour profiter de toutes les variétés du sol et des conditions atmosphériques et faire que chaque région produise ce qui lui convient le mieux, et puisque, pour éviter, d'autre part, la concurrence et les haines entre les divers pays, il est nécessaire d'établir une solidarité parfaite entre les hommes du monde entier, faisons une chose : au lieu de risquer de confondre ce que vous avez fait avec ce que j'ai fait, travaillons tous et mettons tout en commun : *ainsi chacun donnera à la société tout ce que ses forces lui permettront de donner jusqu'à ce qu'il y ait assez de produits pour tous; et chacun prendra tout ce qu'il lui faudra, en limitant ses besoins seulement dans les choses qu'on ne possède pas encore en abondance.*

JACQUES. — Pas si vite; d'abord explique-moi ce que signifie le mot *solidarité.* En effet, tu m'as dit qu'il doit y avoir *solidarité* entre les hommes, et, à vrai dire, je ne t'ai pas bien compris.

PIERRE. — Voici : dans votre famille, par exemple, tout ce que vous gagnez, vous, vos frères, votre femme et vos fils, vous le mettez en commun; puis vous faites la soupe et vous mangez tous ensemble, et s'il n'y en a pas assez, vous vous serrez tous un peu le ventre. Maintenant, si l'un de vous a plus de chance, s'il trouve à gagner un peu plus, c'est un bien pour tous; si au contraire un reste sans travail ou tombe malade, c'est un malheur pour tous, car certainement, parmi vous, celui qui ne travaille pas mange cependant à la table commune et celui qui tombe malade est en outre cause de dépenses plus grandes. C'est ainsi que, dans votre famille, au lieu de chercher à vous enlever le travail et le pain l'un à l'autre, vous cherchez à vous entr'aider, parce que le bien de l'un est le bien de tous, comme le mal de l'un est aussi le mal de tous. Ainsi s'éloignent la haine et l'envie, ainsi se développe cette affection réciproque qui n'existe jamais au contraire dans une famille dont les intérêts sont divisés.

C'est là ce qu'on appelle *solidarité;* il faut donc établir entre les hommes les mêmes rapports que ceux qui existent entre les membres d'une famille bien unie.

JACQUES. — J'ai compris. Mais revenons à la question de tout à l'heure. Dis-moi, es-tu *collectiviste* ou *communiste?*

PIERRE. — Quant à moi, je suis communiste parce qu'il me semble que si l'on doit être amis, on ne doit pas l'être à moitié. Le collectivisme laisse encore subsister des germes de rivalité et de haine. Mais je vais plus loin. Alors même que chacun pourrait vivre avec ce qu'il produit lui-même, le *collectivisme* serait toujours inférieur au *communisme,* parce qu'il tiendrait les hommes isolés et diminuerait ainsi leurs forces et leur sympathie. D'ailleurs, comme le cordonnier ne peut manger ses chaussures ni le forgeron se nourrir de fer; comme l'agriculteur ne peut lui non plus cultiver la terre sans les ouvriers qui préparent le fer, fabriquent les instruments, et ainsi de suite, il serait donc nécessaire d'organiser un échange entre les divers producteurs, en tenant compte à chacun de ce qu'il a fait. Alors, il arriverait nécessairement que le cordonnier, par exemple, chercherait à donner une grande valeur à ses souliers et voudrait avoir en échange le plus d'argent possible; de son côté, le paysan voudrait lui en donner le moins possible. Comment diable s'arranger avec cela? Le collectivisme, en somme, me paraît donner lieu à une quantité de problèmes très difficiles à résoudre et, avec ce système, les choses s'embrouilleraient facilement.

Le *communisme,* au contraire, ne donne lieu à aucune difficulté : tous travaillent et tous jouissent du travail de tous. Il s'agit seulement de voir quelles sont les choses dont on a besoin, afin que tous soient satisfaits, et de faire en sorte que toutes ces choses soient produites en abondance.

JACQUES. — Ainsi, avec le *communisme,* il n'y aurait plus besoin d'argent?

PIERRE. — Ni d'argent, ni d'autre chose qui en tienne lieu. Rien qu'un registre des objets nécessaires et des produits pour chercher à tenir toujours la production à la hauteur des besoins.

La seule difficulté sérieuse serait que beaucoup d'hommes ne voulussent pas travailler, mais je vous ai déjà dit les raisons pour lesquelles le travail, qui est aujourd'hui une peine si lourde, deviendra un plaisir et en même temps une obligation morale à laquelle bien peu d'individus pourraient vouloir se soustraire. D'ailleurs, si, par le fait de la mauvaise éducation que nous avons reçue, il se trouve au début de la nouvelle société des hommes qui refusent de travailler, on en sera quitte pour les laisser en dehors de la communauté, en leur donnant la matière première et les outils. Ainsi, s'ils veulent manger, ils se mettront au travail. Mais vous verrez que ces cas ne se produiront pas.

Du reste, ce que nous voulons réaliser pour le moment, c'est la mise en commun du sol, de la matière première, des instruments de travail, des maisons et de toutes les richesses existantes. Quant au mode d'organisation, le peuple fera ce qu'il voudra. C'est seulement à la pratique qu'on pourra voir quel est le meilleur système. Ainsi, on peut prévoir que dans bien des endroits, on établira le communisme, ailleurs le collectivisme; quand on les aura vus l'un et l'autre à l'épreuve, on acceptera certainement partout le meilleur des deux systèmes.

JACQUES. — Cela aussi, je le comprends. Mais, dis-moi, qu'est-ce donc que l'*anarchie* ?

PIERRE. — *Anarchie* signifie *sans gouvernement*. Je vous ai déjà dit que le gouvernement ne sert qu'à défendre les bourgeois, et quand il s'agit de nos intérêts, le mieux est de nous en occuper nous-mêmes. Au lieu de nommer des députés et des conseillers communaux qui vont faisant et défaisant des lois auxquelles il faut obéir, nous traiterons nous-mêmes nos affaires, et quand, pour mettre à exécution nos délibérations, il faudra en charger quelqu'un, nous lui dirons de faire de telle ou telle manière et non autrement. S'il s'agit d'une chose qui ne puisse pas se faire du premier coup, nous chargerons ceux qui sont capables de voir, d'étudier et de nous faire des propositions; mais, de toute manière, rien ne se fera sans notre volonté. Et ainsi nos délégués, au lieu d'être des individus à qui nous avons donné le droit de nous commander, de nous imposer des lois, seront des personnes choisies parmi les plus capables, qui n'auront aucune autorité, mais seulement le devoir d'exécuter ce que le peuple aura ordonné; en somme, on chargerait les uns d'organiser les écoles, par exemple, de faire les rues et de veiller à l'échange des produits, comme on charge aujourd'hui un cordonnier de faire une paire de souliers. — Voilà, en somme, ce qu'est l'anarchie.

JACQUES. — Mais donne-moi encore quelques explications. Dis-moi comment je pourrai m'occuper, moi qui suis un pauvre ignorant, de toutes les choses que font les ministres et les députés?

PIERRE. — Et que font-ils donc de bon, ces ministres et ces députés, pour que vous ayez à vous lamenter de ne pas savoir le faire? Ils font les lois et organisent la force publique pour tenir le peuple sous le joug dans l'intérêt des propriétaires. Voilà tout. De cette science, nous n'avons pas besoin.

Il est vrai que les ministres et les députés s'occupent de choses qui, en elles-mêmes, sont bonnes et nécessaires, mais c'est seulement pour les faire tourner au profit d'une certaine classe et en arrêter les progrès par des règlements inutiles et vexatoires. Par exemple, ces messieurs s'occupent des chemins de fer ; mais qu'a-t-on besoin d'eux là-dedans ? Les ingénieurs, les mécaniciens, les ouvriers de toutes catégories ne suffisent-ils pas et les locomotives ne marcheront-elles plus quand les ministres, les députés, les actionnaires et autres parasites auront disparu ?

Il en est de même pour la poste, les télégraphes, la navigation, l'instruction publique, les hôpitaux, toutes choses qui sont faites par des travailleurs de diverses catégories et dans lesquelles le gouvernement n'intervient que pour mal faire.

La politique, en effet, comme l'entendent les gens du gouvernement, est un art difficile pour nous, parce qu'en réalité, elle n'a rien à voir avec les intérêts réels des populations. Si, au contraire, elle avait pour but de satisfaire les vrais besoins du peuple, alors elle serait une chose plus difficile pour un député que pour nous. En effet, que voulez-vous que sachent des députés qui résident à Paris, touchant les besoins de toutes les communes de France ? Comment voulez-vous que ces gens qui, en général, ont perdu leur temps à étudier le grec et le latin, qu'ils ne savent du reste pas, puissent connaître les intérêts des différents corps de métiers ? Les choses iraient autrement si chacun s'occupait des choses qu'il sait et des besoins qu'il constate par lui-même.

La révolution une fois faite, il faudra procéder de bas en haut, pour ainsi dire. Le peuple est divisé en communes, et, dans chaque commune, il y a divers corps de métiers qui, immédiatement, par l'effet de l'enthousiasme et sous l'impulsion de la propagande, se constitueront en associations. Or, qui s'entend mieux que vous aux intérêts de votre commune et de votre métier ?

Quand, ensuite, il s'agira de mettre d'accord plusieurs communes et plusieurs corps de métiers, les délégués respectifs porteront dans les assemblées spéciales les vœux de leurs mandants et chercheront à concilier les besoins et les désirs divers. Les délibérations seront toujours soumises au contrôle et à l'approbation des mandants, de manière que les intérêts du peuple ne seront pas négligés. Et ainsi, de proche en proche, on procédera à la conciliation du genre humain.

Jacques. — Mais si, dans un pays ou dans une association, il y en a qui sont d'un avis différent de celui des autres, comment fera-t-on ? Ce sont bien les plus nombreux qui auront le dessus, n'est-il pas vrai ?

Pierre. — En droit, non, parce que, en regard de la vérité et de la justice, le nombre ne doit compter pour rien et qu'un seul peut avoir raison contre cent, contre cent mille, contre tous. En pratique, on fait comme on peut. Si l'unanimité n'est pas obtenue, ceux qui sont d'accord et qui constituent la majorité agissent conformément à leur idée, dans les limites de leur groupe, et si l'expérience leur donne raison, nul doute qu'ils ne soient imités. Sinon, la preuve est faite en faveur de la minorité et l'on agit en conséquence. Ainsi sera maintenue l'inviolabilité des principes d'égalité et de justice sur lesquels doit être basée la société.

Notez bien cependant que les questions sur lesquelles on ne pourra se mettre d'accord seront peu nombreuses et peu importantes, parce qu'il n'y aura plus les divisions d'intérêts qui existent aujourd'hui, parce que chacun pourra choisir le pays et l'association, c'est-à-dire les compagnons avec lesquels il voudra vivre, et, par-dessus tout, parce qu'il ne s'agira de prendre une décision que sur des choses claires, que chacun peut comprendre et se rapportant plutôt au domaine de la pratique, de la science positive, qu'à celui des théories où les opinions varient sans fin. Lorsqu'on aura trouvé, grâce à l'expérience, la meilleure solution de tel ou tel problème donné, il s'agira de persuader les gens en leur démontrant pratiquement la chose, et non pas de les écraser sous le poids d'une majorité de suffrages. Est-ce que cela ne vous ferait pas rire aujourd'hui si l'on appelait les citadins à voter sur l'époque à laquelle on doit faire les semailles, alors que c'est une chose déjà consacrée par l'expérience? Et si cette chose n'était pas encore parfaitement fixée, est-ce que vous recourriez pour la faire au vote et non à l'expérience?

C'est ainsi donc que se traiteront toutes les affaires publiques ou privées. Persuadez-vous bien que, hors de la solidarité, il n'y a que guerre et tyrannie, et soyez sûr, d'autre part, que, la guerre et la tyrannie étant des choses qui nuisent à tous, les hommes seront à peine maîtres de leurs destinées qu'ils se tourneront vers la solidarité afin de réaliser notre idéal de paix, de prospérité et de liberté universelle.

JACQUES. — Parfaitement. Donc tu es socialiste, et parmi les socialistes, tu es spécialement communiste et anarchiste. Pourquoi t'appelle-t-on aussi *internationaliste?*

PIERRE. — Parce que j'ai fait partie de l'*Association Internationale des Travailleurs.* Cette association, appelée par abréviation l'*Internationale,* était composée des personnes de tous les pays qui suivaient les principes dont j'ai cherché aujourd'hui à vous donner une idée.

Ceux qui entraient dans cette association s'engageaient à propager par tous les moyens possibles les principes du *communisme anarchique,* à combattre toute espérance de concessions volontaires de la part des patrons et du gouvernement ou de réformes graduelles et pacifiques; à réveiller dans le peuple la conscience de ses droits et l'esprit de révolte, afin qu'il puisse procéder, dès qu'il en aura la force, à la destruction du pouvoir politique, c'est-à-dire du gouvernement, et à la conquête du sol et de toutes les richesses existantes.

JACQUES. — Par conséquent, tous ceux qui embrassent les principes communistes anarchiques appartiennent à l'Internationale?

PIERRE. — Pas nécessairement, parce qu'on peut être convaincu de la vérité d'un principe et cependant rester chez soi, sans s'occuper de propager ce qu'on croit juste. Cependant, pour agir ainsi, il faut avoir une conviction bien faible et une âme bien mal trempée, car lorsqu'on voit les terribles maux qui affligent ses semblables et qu'on en connaît le remède, comment peut-on, si l'on a un peu de cœur, **rester** inactif?

Celui qui ne connaît pas la vérité n'est pas coupable; mais il l'est grandement celui qui, la connaissant, fait comme s'il l'ignorait.

Ensuite, pour différentes raisons, persécutions, divisions, cette association s'est dissoute, mais les idées restent les mêmes, et individus ou groupes disséminés continuent à propager les mêmes principes.

JACQUES. — Cela est bien; et moi aussi, lorsque j'aurai un peu réfléchi à tout ce que tu m'as dit, je veux me mettre à propager ces grandes vérités; si les bourgeois me traitent de bandit et de malfaiteur, je leur dirai de venir travailler et souffrir comme moi. C'est après seulement qu'ils auront le droit de parler.

Paris. — Imprimerie Charles Blot, 7, rue Bleue.

ACTE PUBLIC

POUR

LA LICENCE

En exécution de l'Article 4, Titre 2, de la Loi du 22 Ventôse an XII.

SOUTENU PAR

M. COUSERAN (Charles-Octave-Honoré),

Né à Toulouse (Haute-Garonne).

Jus Romanum.

INST. JUST. LIB. III, TIT. XXIX, §§ 1, 2.

De Acceptilatione. (ff. lib. XLVI, tit. IV.)

Ut non similibus modis contrahuntur, ita diversis extinguuntur obligationes.

Solvuntur autem solutione, novatione, acceptilatione, mutuo dissensu.

Quæ omnia prætermittemus , acceptilatione tantummodo excepta , de quâ nobis disserendum est.

Haud exstitit acceptilatio ab origine Romani juris. Quemadmodum enim Romanorum mores rudibus et quasi agrestibus à principiis sensim processere, et paulatim , Græciæ Institutis et philosophiæ imbuti , ad quamdam solertiam deducti sunt ; ità in legibus notandus est processus. Undè , quæ ab origine , traditione tantummodo rei fiebant obligationes et restitutâ re extinguebantur , postea , expressis quibusdam et definitis verbis contrahere licuit , et aliis verbis solvere.

Præcipuum enim erat illud juris Romani præceptum , obligationes extingui debere eodem modo quo nascuntur. Quam sententiam et comprobatam ratione et naturæ rerum conjunctam ita expressit Ulpianus :

« Nihil tam naturale est, quam eo genere quidquid dissolvere , quo colligatum est. »

Rectiùs autem mihi videtur Paulus :

« Ferè quibuscumque obligamur modis , iisdem in contrarium actis liberamur. »

Et quia non in re ipsâ restitutâ , sed in merà intentione consistebat ille solvendæ obligationis modus , qui acceptilationis nomen habuit , ideo eam veluti imaginariam solutionem dixerunt.

Remissionis áutem formula hæc est , ut debitor dicat creditori :

« Quod ego tibi promisi habes-ne acceptum ? »

Et creditor respondeat « habeo. »

Itemque Græcis verbis eadem exprimere licet :

ἔχεις λαβὼν δηνάρια τόσα ; respondebit autem creditor : ἔχω λαβὼν. Quâ de causâ , Modestinus acceptilationem ita definiebat : « Liberatio est per mutuam interrogationem , quâ utriusque contingit ab eodem nexu absolutio.

Licet autem quod debetur pro parte recte solvi ; atque ita in partem debiti acceptilationem fieri posse.

Nonnulla erant quæ acceptilationem removebant ; quippè , ut ait Pomponius (ff. L. 4): « Acceptilatio sub conditione fieri non potest;» nec , ut ait Ulpianus , ad diem.... (ff. L. 5).

Nullus autem (Paulo auctore) aut liberare, aut liberari per procuratorem, sine mandato , potest , acceptilatione adhibitâ (ff. L. 3).

Acceptilatio cum obligatione consentire debet ; imperfecta enim est liberatio , nisi acceptilatio cum obligatione congruat :

Si originem acceptilationis intueamur , videmus nullas eo modo exsolvi obligationes , nisi quæ ex verbis consistunt. Nec tamen omninò inutilis fiebat acceptilatio , si ad alias obligationes exsolvendas adhiberetur. Quippè , non suâ quidem naturâ , sed potestate saltem conventionis valebat, et pacti locum obtinebat , undè debitor exceptionis opem haberet.

Postea vero , ad omnia obligationum genera solutio illa (quamvis imaginaria diceretur) spectavit, novatione primùm adhibitâ. Novatione enim in id redigebantur obligationes quæcumque, ut ex verbis consisterent ; ideoque , quum naturam suam mutaverant et novam formam induerant, tùm acceptilatione solvi poterant.

Facilius autem ut in quamcumque obligationem acceptilatio adhiberetur, Aquilius Gallus , summâ vir auctoritate , et scientiâ juris egregius, stipulationem prodidit, quæ vulgò Aquiliana appellatur.

Eâ omnes novantur obligationes.

Ita composita est :

« Quidquid te mihi ex quâcumque causâ dare , facere oportet ,
» oportebit, præsens in diemve, quarumque rerum mihi tecum actio,
» quæque adversus te petitio , vel adversus te persecutio est, eritve,
» quodve tu meum habes, tenes, possidesve, dolo ve malo fecisti
» quominus possideas : quanti quæque earum rerum res erit tantam
» pecuniam dari stipulatus est Aulus Agerius ; spopondit Numerius Ne-
» gidius. Item ex diverso Numerius Negidius interrogavit Aulum Age-

» rium : Quidquid tibi hodierno die per Aquilianam stipulationem spo-
» pondi, id omne habesne acceptum? Respondit Aulus Agerius : habeo,
» acceptumque tuli. »

Eà formulâ partes uti poterant, non modo ut eam, nullâ interpositâ
morâ, acceptilatio sequeretur, sed etiam, ut novatio tantummodo fieret
et ut, pro multis prioribusque obligationibus, unica esset obligatio ex
verbis consistens.

Code Napoléon.

Droits et Devoirs qui dérivent de la **Filiation** naturelle.
331, à 341, 383, 756, à 766, 908, 911 **Cod. Nap.**

*Droits et Devoirs des enfants naturels durant la vie de leurs père et
mère*

Dans la question qui nous occupe, le Législateur avait un double
écueil à éviter : l'équité, d'une part, exige que les enfants naturels
n'aient point la responsabilité et ne subissent point les fâcheuses
conséquences de la faute de leurs parents; d'autre part, il faut éviter d'offrir aux parents, par une trop grande indulgence de la loi,
l'oubli et la réparation trop facile de leur faute. En un mot, l'intérêt des enfants se trouve ici en opposition avec les intérêts géné-
raux de la morale et de la société, dont le mariage est peut-être
la plus utile sauvegarde. Nous allons voir comment le Législateur a
su prendre entre ces deux écueils une route moyenne ; comment il
a posé, sans contradiction, des garanties pour les enfants naturels,
en même temps que pour la société.

La loi permet d'établir entre les parents et les enfants le lien légal de la filiation naturelle, au moyen de la reconnaissance.

On appelle reconnaissance, l'aveu formel et spontané fait à un officier public par les père et mère, ou par un mandataire spécial.

Le titre de la filiation naturelle, pour qu'il offre un principe moral et certain, doit émaner d'une reconnaissance personnelle et libre. Personnelle, car la reconnaissance du père ne saurait impliquer celle de la mère, et réciproquement; libre, car c'est la condition essentielle et première de toutes les obligations. La reconnaissance doit aussi être authentique; c'est à l'aide de ce titre que l'enfant peut prouver sa légitimation ou ses droits. C'est aussi de ce titre qu'on peut se servir contre lui pour faire réduire les libéralités qui dépasseraient la limite déterminée par la loi. A propos de la nécessité d'un acte authentique, on a contesté la validité de la reconnaissance faite dans un testament privé, daté, écrit et signé de la main du testateur. On prétend que cet acte n'est pas authentique ; que, par suite, la reconnaissance est entachée de nullité.

Supposez donc que, tout en veillant à l'éducation d'un enfant, en lui donnant tous leurs soins, des parents aient réussi à cacher aux yeux du monde les liens naturels qui les unissent à cet enfant ; ne pourront-ils en mourant lui assurer des ressources, qui continuent après leur mort les sacrifices que, de leur vivant, ils ont faits pour lui ?

La plupart des jurisconsultes refusent ce droit aux parents, non-seulement dans les circonstances que nous venons d'énumérer, mais même dans le cas où la possession d'Etat serait constante et continue.

Quant au droit qu'ont les enfants de rechercher la paternité, si elle est absolument interdite aux enfants adultérins ou incestueux, elle est permise aux enfants naturels, mais seulement quant à leur mère (la preuve en étant plus facile à établir) (340-341.)

Nous avons dit que la reconnaissance seule établit la filiation naturelle. Son effet le plus important est la légitimation des enfants reconnus par le mariage subséquent de ceux qui leur ont donné le jour. La légitimation, en effet, s'opère par le mariage subséquent des père et mère, et ne peut dériver d'aucune autre source (Art. 331).

Dans l'ancienne jurisprudence, une seule condition était nécessaire pour opérer la légitimation : les époux devaient être libres de s'unir en mariage ; de nos jours, on a ajouté une seconde condition : ce bienfait ne peut s'appliquer qu'aux enfants naturels légalement reconnus dans l'acte même de célébration de mariage.

Pour l'enfant qui n'a pas été reconnu, il est difficile de déterminer le mode et la limite des obligations que les parents doivent remplir envers lui. C'est dans leur cœur, et non dans la loi, qu'ils trouveront la mesure de leurs devoirs : ils doivent donc l'aider de leurs conseils jusqu'à la maturité de l'âge. C'est alors qu'ils doivent lui assurer un établissement proportionnellement à leur fortune.

Lorsque les enfants naturels ont été légitimement reconnus, la loi impose aux père et mère le devoir de les nourrir, de les entretenir, de les élever ; car c'est là un devoir en même temps qu'un droit, de surveiller la conduite de leurs enfants, de diriger leur éducation, de régler leur genre de vie.

Le père a sur l'enfant le droit de correction ; par suite il peut le faire détenir pendant un mois, lorsque l'enfant est âgé de moins de seize ans ; au-dessus de cet âge, la détention peut s'étendre jusqu'à six mois.

On doit observer :

1° Que la garde de l'enfant peut être attribuée à la mère, malgré l'existence et la capacité du père ; si l'intérêt de cet enfant l'exige ;

2º Ce sera toujours avec le concours de deux membres d'un conseil d'amis, que la mère devra exercer le droit de détention ;

3º Le mariage actuellement existant du père avec une autre femme que la mère, substituera la voie de réquisition à la voie d'autorité pour l'enfant au-dessous de quinze ans, et de plus, le mariage de la mère avec un autre que le père, enlèvera à la mère tout droit de faire détenir l'enfant.

Devons-nous tirer cette conclusion qu'il existe une assimilation parfaite entre la puissance qui dérive de la paternité légitime et celle qui dérive de la paternité naturelle ?

Oui, quant à l'autorité et au devoir ; mais non, quant aux émoluments honorifiques.

La loi qui accorde aux père et mère de l'enfant légitime l'usufruit des biens propres à ces derniers, comme un attribut de la paternité légitime, jusqu'à l'âge de dix-huit ans, se montre moins bienveillante envers les père et mère des enfants naturels ; elle leur refuse l'usufruit des biens propres à ces derniers, et les oblige à rendre compte, à leur majorité, de l'administration de leurs biens.

Les enfants naturels ont droit aux aliments durant la vie de leurs père et mère ; il semblerait, toutefois, résulter des dispositions de l'art. 756 qu'ils n'ont aucun droit sur les biens de leurs père et mère que lorsque ceux-ci sont décédés.

Si on admettait une pareille conséquence, on interpréterait mal le sens de la loi ; car la loi qui accorde des aliments aux enfants adultérins et incestueux, n'a pas pu certainement refuser ce droit aux enfants naturels, qu'elle traite toujours avec plus de bienveillance.

Le principe de cette obligation naturelle s'attache tellement au patrimoine des père et mère, soit durant leur vie, soit après leur mort, qu'ils ne peuvent faire aucune libéralité qui puisse porter atteinte à cette obligation. C'est le lieu d'appliquer cette maxime : *Nemo liberalis nisi liberatus.*

Droits des Enfants naturels sur la succession de leurs père et mère.

La loi accorde à l'enfant naturel des droits sur la succession de ses père et mère quand il a été légalement reconnu.

En rapprochant l'art. 756 : « Les enfants naturels ne sont pas héritiers » de l'art. 757 qui leur donne une part en nature dans le patrimoine, on se demande ce qu'a voulu dire le Législateur. Sa pensée est que le droit des enfants naturels n'est pas de la même qualité que celui des enfants légitimes. Ils ne représentent pas leurs auteurs comme les héritiers ; car le nom d'héritier tire sa source du mot *herus* qui signifie maître.

Ideo filii hœredes sui vocantur, quia, vivo patre domini existimantur. De hœredum qualitate et differentia, § 2 Just, Institut. Lib. 11.

La loi a déterminé les droits des enfants naturels dans la succession de leurs père et mère, et les a réglés comme suit :

Si les enfants naturels sont en concours avec des descendants légitimes, ils ont le tiers de la portion héréditaire à laquelle ils auraient pu prétendre s'ils eussent été légitimes.

La moitié de cette portion, si le *de cujus* ne laisse pas des descendants, mais bien des ascendants des frères et sœurs, et les trois quarts lorsqu'il ne laisse ni ascendants, ni descendants, ni frères, ni sœurs. (Art. 757).

Les enfants naturels n'ont pas droit à une réserve, privilège qui est accordé exclusivement aux héritiers légitimes. La loi le dit expressément dans l'art. 913 du Code Napoléon ; elle dit ailleurs que le droit des enfants naturels à une portion n'existe que sur les biens des père et mère décédés. (Art. 756).

De là cette conséquence que les père et mère, jusqu'à leur mort, peuvent disposer de cette réserve. Les enfants-naturels n'ont pas le droit d'exiger le rapport des biens que le défunt a donnés ; ce droit appartient à l'héritier.

A défaut d'héritiers légitimes, les enfants naturels prennent tous les biens. (Art. 758).

Lorsqu'un enfant naturel est prédécédé, ses enfants ou descendants légitimes peuvent, par représentation, exercer les droits que nous venons d'énoncer.

Quant aux enfants adultérins et incestueux, la loi ne leur accorde que des aliments. On mesure ces aliments sur les besoins de l'enfant, sur l'importance de la succession, sur le nombre et la qualité des successeurs.

Les père et mère voient souvent avec défaveur les enfants naturels concourir avec les enfants légitimes. La loi leur a fourni un moyen de les écarter, pourvu qu'ils aient le soin de remplir certaines conditions. (Art. 761).

1o Ils doivent donner à l'enfant naturel au moins la moitié de la portion qui lui est assignée par les art. 757, 758.

2o Déclarer expressément que l'enfant sera réduit à la portion des biens qu'ils lui donnent actuellement.

3o Il faut que cette donation soit acceptée par l'enfant.

4o Que la donation soit faite du vivant du père ou de la mère de l'enfant naturel, c'est-à-dire, par acte entre vifs, et non par testament.

Lorsque l'enfant naturel est mort sans laisser ni parents légitimes, ni enfants naturels, ni représentants légitimes de ceux-ci (art. 765), sa succession est dévolue à ses père et mère, par moitié à tous les deux, s'ils l'ont reconnu tous les deux, ou bien, au père ou à la mère qui l'a reconnu. Si ses père et mère sont décédes, la loi appelle à sa succession ses frères et sœurs naturels.

Les frères et sœurs naturels du défunt, enfants légitimes du même auteur que lui, ne lui succèdent que tout autant que les biens que l'enfant naturel avait reçus de ses père et mère se trouvent dans la succession. Ils ont encore droit aux actions en reprise ou au prix des biens aliénés , lorsqu'il n'a pas été acquitté. Réciproquement, les frères et sœurs naturels d'un enfant légitime ne lui succèdent jamais.

Quant aux autres biens , ils appartiennent aux frères et sœurs naturels ; à défaut de frères et sœurs naturels , c'est le conjoint qui lui succède ; à défaut de conjoint , l'Etat.

Procédure Civile.

Saisie-Exécution.

§ I.

Commandement.

Toute saisie-exécution , porte l'art. 583 , sera précédée d'un commandement à la personne ou au domicile, fait au moins un jour avant la saisie et contenant notification du titre , s'il n'a déjà été notifié.

D'après cet article , le commandement doit précéder la saisie d'un jour franc ; mais quand on doit procéder à la saisie dans un autre lieu que celui où le commandement a été notifié, ce délai d'un jour doit être augmenté à raison des distances.

Pour que le commandement soit valable, il doit contenir la copie entière du titre que l'on veut mettre à exécution. Si on a précédemment notifié ce titre au débiteur, il est suffisant de mentionner cette notification dans le commandement.

Il résulte des termes de l'art. 584, que le commandement, outre les formalités ordinaires des exploits, doit contenir élection de domicile jusqu'à la fin de la poursuite dans la commune où doit se faire l'exécution, si le créancier n'y demeure ; et le débiteur pourra faire au domicile élu toutes significations , même d'offres réelles et d'appel.

L'élection de domicile a pour but d'éviter l'exécution ; elle fournit au débiteur un moyen de défense ; aussi est-elle généralement regardée comme substantielle. Si on venait à omettre l'élection de domicile, le commandement serait nul : c'est ce qu'a décidé la Cour de Cassation, dans un arrêt du 3 juin 1812.

§ II.

Procès-verbal de saisie.

Dans l'intérêt du débiteur et pour le protéger contre les vexations ou malversations que l'huissier pourrait commettre ; d'un autre côté, dans l'intérêt de l'huissier, qui pourrait être victime de l'emportement du débiteur, la loi a exigé, pour toute saisie, la présence de deux recors.

Ils doivent être Français , majeurs, non parents ou alliés de la partie ou de l'huissier jusqu'au degré de cousin issu de germain inclusivement, ni leurs domestiques ; en outre, la loi défend en termes formels au créancier d'être présent à la saisie. C'eût été par trop insulter au malheur du débiteur, que d'accorder une telle liberté au créancier !

L'huissier peut saisir les meubles du débiteur partout où il les trouve.

Exemple : il peut saisir la voiture du débiteur qu'il rencontre dans une rue ou sur une place ; mais il ne peut s'introduire dans le domicile d'un tiers pour opérer la saisie, il doit se borner dans ce dernier cas à saisir-arrêter.

Au début de sa commission, l'huissier est arrêté par le fait du débiteur. Quels moyens emploiera-t-il pour vaincre cet obstacle ?

Si les portes sont fermées ou si l'ouverture en est refusée (art. 587), l'huissier devra établir un gardien aux portes ; il se rendra sur-le-champ chez le juge de paix ; à son défaut, devant le commissaire de police ; à défaut de ceux-ci, devant le maire ou l'adjoint. L'officier public devra assister à l'ouverture des portes et à la saisie.

L'huissier a franchi le seuil de la maison ; avant de mettre à exécution son mandat, il doit avertir une dernière fois le débiteur.

Le procès-verbal de saisie, porte l'art. 586, doit contenir itératif commandement si la saisie est faite dans la demeure du saisi. Sur le refus du débiteur de remplir son engagement, l'huissier exécute la saisie.

Il devra dans son procès-verbal désigner exactement les objets saisis (art. 588).

Pour certains objets saisis il doit, en outre de la désignation, remplir d'autres formalités.

Pour les marchandises, il doit les peser et mesurer ; pour l'argenterie, la peser et la spécifier par pièces et poinçons (art. 589).

Quant aux deniers comptants, l'huissier doit mentionner le nombre et la qualité des espèces (art. 590).

Après avoir terminé la saisie, l'huissier indique le jour de la vente, il choisit un gardien, ensuite il clôt son procès-verbal.

Il doit faire signer le procès-verbal (art 599) par le gardien en l'original et la copie ; s'il ne sait signer , il doit en être fait mention et il lui est laissé copie du procès-verbal.

Soit par un motif d'humanité , soit parce que l'intérêt général pourrait en souffrir , la loi a cru devoir retrancher du gage des créanciers certains objets et les a déclarés insaisissables.

Nous allons en citer quelques-uns à titre d'exemple. Il sera facile de reconnaître les autres par leur analogie avec ceux que nous mentionnons.

1o Le coucher nécessaire des saisis ; ceux de leurs enfants vivant avec eux ; les habits dont les saisis sont vêtus et couverts.

Le coucher nécessaire se compose du bois de lit , d'une paillasse , d'un matelas , d'un traversin.

2o Les équipements des militaires.

Le militaire doit être toujours prêt à marcher partout où l'honneur et le besoin de l'Etat l'appellent, disait l'orateur du tribunat.

3o Les livres relatifs à la profession du saisi , jusqu'à la somme de trois cents francs , à son choix.

4o Les farines et menues denrées nécessaires à la consommation du saisi et de sa famille pendant un mois.

Il arrive rarement que le travail soit de suite payé ; aussi faut-il accorder au débiteur le temps nécessaire pour recevoir son salaire.

5o Une vache ou trois brebis , ou deux chèvres , au choix du saisi , avec les pailles, fourrages et grains nécessaires pour la litière et'la nourriture desdits animaux pendant un mois. Le lait de ces animaux est la seule nourriture du pauvre et souvent même son unique ressource.

6o Les immeubles par destination.

Par leur incorporation à l'immeuble, ils ont perdu la qualité de meubles.

§ III.

Choix du Gardien.

Le gardien est la personne désignée pour conserver les objets saisis.

Si la partie saisie offre un gardien solvable, il sera établi par l'huissier (art. 596).

Si le saisi ne présente gardien solvable et de la qualité requise, il en sera établi un par l'huissier. Le gardien a droit à une indemnité, outre le recouvrement des avances qu'il aura été obligé de faire dans l'intérêt des objets saisis.

Étant salarié, le gardien a plusieurs obligations à remplir. Il doit apporter à la garde de la chose une exacte surveillance ; et de plus, vis-à-vis du créancier et même du débiteur, il est responsable de tous enlèvements, détournements ou dépérissements provenant de son fait ou de sa négligence. Il ne peut se servir des choses saisies, les louer, les prêter, à peine de privation des frais de garde et de dommages-intérêts au paiement desquels il sera contraignable par corps. Si le gardien enlève ou détourne les objets saisis, l'huissier ni le saisissant n'en sont nullement responsables lorsqu'ils n'ont aucune faute grossière à s'imputer.

§ IV.

Des Placards et de la Vente.

La vente doit être annoncée un jour à l'avance par quatre placards au moins. L'un doit être affiché au lieu où sont les effets, l'autre à la porte de la maison commune, le troisième au marché du lieu, et s'il n'y en a pas, au marché voisin, et le quatrième à la porte de l'auditoire de la justice de paix.

Les placards doivent porter le lieu, jour et heure de la vente et la nature des objets, sans détail particulier. On doit annoncer la vente par la voie des journaux, dans les villes où il y en a. Toutes ces formalités ne sont pas prescrites à peine de nullité ; mais comme elles ont pour objet de procurer des enchérisseurs, leur inobservation pourrait faire condamner le saisissant à des dommages et intérêts envers le saisi et les autres créanciers. Il faut laisser s'écouler un délai de huit jours entre la signification de la saisie et la vente. Pendant ce temps, le saisi peut faire ses efforts pour chercher des enchérisseurs.

D'après les termes de l'art. 617, la vente doit être faite au plus prochain marché public, aux jours et heures ordinaires des marchés, ou un jour de dimanche. Le législateur a pensé que ce jour-là les enchérisseurs seraient en plus grand nombre. Cet article autorise le tribunal à permettre de vendre les effets en un autre lieu qui offrirait de plus grands avantages.

C'est par le ministère d'un commissaire-priseur, dans les villes où il existe de ces officiers ; par le ministère d'un huissier, dans les autres lieux que se fait la vente. L'adjudication doit être faite au plus offrant, en payant comptant. Faute de paiement, l'effet doit être revendu sur-le-champ à la folle enchère de l'adjudicataire (art. 624) ; et l'adjudicataire devient responsable de la différence du prix qui existe entre les deux adjudications. Il arrive ordinairement que les huissiers ou commissaires-priseurs accordent un délai de vingt-quatre heures ou au-delà aux personnes qu'ils connaissent, et alors ils sont personnellement responsables du prix qui est dû par l'adjudicataire.

L'action que l'on a contre les commissaires-priseurs et les huissiers, pour la restitution du prix des adjudications, se prescrit par trente ans. Si la vente vient à produire un prix supérieur au montant des causes de la saisie, on doit désintéresser le créancier, et le surplus doit être remis au débiteur.

La vente terminée, l'adjudicataire est réellement propriétaire ; les tiers et le saisi ne peuvent, sans aucun prétexte, le dépouiller des objets qui lui ont été adjugés. On peut appliquer ici la maxime : Qu'en fait de meubles, la possession vaut titre.

Si le saisi parvient à faire prononcer la nullité des poursuites, son droit est limité à des dommages et intérêts qu'il peut réclamer, soit à l'huissier, soit au saisissant.

Droit Criminel.

Des caractères généraux des contraventions et des peines de simple police.

La contravention prise dans le sens rigoureux du mot, est un acte qui est en opposition avec ce que permet, ordonne ou défend la loi.

Les contraventions, selon qu'elles sont plus ou moins graves, sont appelées contraventions, délits ou crimes. De là trois degrés bien marqués dans la contravention.

Nous n'avons pour le moment à nous occuper que du premier de ces degrés, qui prend le nom de contravention pure et simple.

Ainsi entendu dans son acception vulgaire, la contravention ne comprend que les manquements envers les lois d'ordre public.

Tel est le caractère fondamental de la contravention, qui au surplus se révèle à nous par la lecture de l'art. 1er du Code Pénal.

Cet article, rangeant en trois classes, d'après leur gravité légale, tous les actes punissables, déclare, en effet, que l'infraction que les lois punissent des peines de police, est une contravention.

On distingue ordinairement les contraventions des crimes ou délits par l'importance du fait punissable et par la nature et l'étendue des peines qui leur sont applicables.

La théorie des peines est sans contredit, un des points les plus délicats de la législation. Elle doit être exactement basée sur la moralité de l'action considérée dans ses effets, abstraction faite de toute autre chose. Avant la nouvelle législation, la classification difficile des manquements à la loi se bornait aux crimes et aux délits. La contravention est venue ensuite compléter la nomenclature des fautes.

La contravention a aussi sa sanction qu'elle puise dans les peines de simple police, peines en général légères et toujours en harmonie avec le fait condamnable. Néanmoins, elles infligent un mal au condamné en le frappant, 1o dans sa personne physique ; 2o dans sa fortune.

1o Dans sa personne physique, par l'emprisonnement ;

2o Dans sa fortune, par l'amende et la confiscation spéciale.

Tel est le cadre à étudier des peines résultant des contraventions; étude spéciale qui sera développée dans trois paragraphes successifs.

§. 1er.

Emprisonnement.

La peine de l'emprisonnement consiste dans la privation de la liberté de locomotion.

Cette privation de la liberté de locomotion est une peine commune aux trois matières, criminelles, correctionnelles et de police.

L'emprisonnement de police diffère de l'emprisonnement correctionnel et de la réclusion par la nature et la durée de la peine.

En effet, l'art. 465 du Code Pénal déclare que la durée de la peine a pour minimum un jour complet de vingt-quatre heures, et pour maximum cinq jours, sans assujettissement à un travail quelconque dans une maison de correction.

Le condamné correctionnellement est aussi enfermé dans une maison de correction ; mais là, il est assujetti à se livrer à des travaux à son choix qui y sont établis. Six jours sont le minimum de la peine encourue par son délit, et cinq années le maximum.

Le crime emporte après lui des peines d'une toute autre importance.

Sans parler de la trace d'infamie qu'il laisse après lui, sans entrer dans le détail des peines accessoires qui accompagnent nécessairement la condamnation principale, on peut se borner à dire, et il suffira de mentionner, pour faire ressortir la différence des peines, que le reclus est contraint de subir sa peine dans une maison de force, qu'il est assujetti à un travail pénible, que le minimum de sa peine est de cinq années et le maximum de dix années.

§ II.

Amende.

S'il faut s'en rapporter à l'étymologie du mot, l'amende (de emendare, emendatio), se serait introduite dans nos lois par une conséquence de cette idée naturelle que celui qui a causé un dommage doit autant que possible en offrir la réparation ; prise sous ce point de vue, on la retrouve dans le Droit de tous les peuples ; mais telle n'est point l'origine de l'amende, presque toujours distincte de la réparation du mal matériel causé à un individu. L'amende est une peine qui frappe la fortune du coupable en faveur du fisc qui n'a réellement souffert aucun dommage matériel ; mais elle représente le prix des soins de surveillance et de poursuite que la société est obligée d'avoir à l'égard des crimes , des délits ou des contraventions.

Cette détermination de caractère de pénalité que l'on trouve dans l'amende , est fort importante ; car il en résulte de graves conséquences.

1o Que l'amende est toute personnelle, de telle sorte que si le condamné venait à mourir avant que le jugement qui l'a frappé ait acquis force de chose jugée , son décès aurait éteint l'amende, et que, dans aucun cas , on ne pourra jamais en réclamer le paiement aux héritiers du prévenu ou condamné ;

2o L'amende étant pénale , elle ne peut atteindre que les auteurs de la contravention et jamais les personnes que la loi déclare responsables pour eux, comme les père, mère, maîtres , comme étant instituteurs , qui répondent des faits des personnes à eux soumises.

Avant le Code Pénal de 1810 , la quotité de l'amende était fixée par la moyenne de la valeur d'une journée de travail, que l'on calculait d'après le taux donné dans chaque localité et que l'on doublait ou quadruplait selon la nature du délit, sans égard à la fortune du délinquant.

Le Code Pénal de 1810 , tout en conservant comme base du calcul la gravité du délit, en a rejeté le mode d'évaluation d'après le prix du travail et l'a remplacé par l'indication fixe d'une somme d'argent que le juge peut élever ou abaisser suivant les circonstances entre un maximum et un minimum soigneusement déterminé par le Législateur.

La révision du Code Pénal de 1810 , faite en 1822 , n'a rien changé à cette dernière évaluation de la quotité de l'amende, et c'est ainsi qu'à l'art. 466 du Code Pénal nous voyons que le minimum de l'amende prononcée pour simples contraventions de police , est de un franc et que le maximum ne peut excéder quinze francs.

Le condamné ne peut être détenu plus de quinze jours pour le recouvrement de cette amende, si son insolvabilité est constatée.

Les Cours ni les Tribunaux ne peuvent dispenser de l'amende ainsi fixée par la loi, les personnes reconnues et déclarées coupables. Ils ne peuvent en réduire le minimum ni augmenter le maximum, hors les cas prévus par la loi ; on laisse seulement à leur sagesse la détermination de la quotité, en restant toujours dans les limites prescrites par le maximum et le minimum.

§ III.

Confiscation spéciale.

La confiscation spéciale qui, en vertu des lois spéciales, a été établie pour la répression des contraventions, frappe sur les objets qui ont été la matière ou l'instrument des contraventions.

La confiscation de tels objets ne peut être prononcée que lorsqu'elle est autorisée par un texte formel de la loi et par jugement. Elle n'a jamais lieu de plein droit.

Cette confiscation est facultative de la part des tribunaux de police, de telle sorte que le ministère public ne peut se faire un moyen de cassation de ce qu'elle n'a pas été prononcée par le tribunal de police, et lorsque l'objet de la contravention dont la loi ordonne la confiscation n'a pas été saisi, les juges ne peuvent convertir cette peine en une condamnation pécuniaire égale à la valeur de ces objets (Cour de Cassation , 23 mai 1823.)

Quelle que soit la valeur des objets dont la loi ordonne la confiscation , le tribunal de police doit prononcer cette confiscation dans tous les cas où la contravention est de sa compétence.

La confiscation spéciale est personnelle ou réelle. On dit que la confiscation spéciale est personnelle lorsqu'elle porte sur des choses

dont la possession est licite faisant partie du patrimoine du condamné.

On la dit, au contraire, réelle lorsqu'elle n'a pour objet que de
procurer la destruction des choses qui sont hors de commerce et dont
la possession ou la mise en vente constituent un délit.

Enfin, la confiscation spéciale est une peine qui est commune aux
trois matières : criminelles, correctionnelles et de police. (Code Pénal,
art. 11 , 464 , 470).

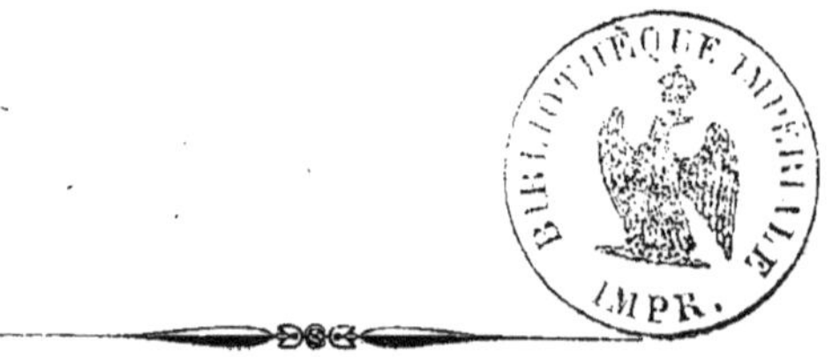

Cette Thèse sera soutenue , en séance publique , dans une des salles
de la Faculté de Droit de Toulouse, le   Août 1854.

Vu par le Président de la Thèse ,

DUFOUR.

Toulouse , Imprimerie Gibrac OUVRIERS RÉUNIS , rue St-Pautaléon , 3.

TOULOUSE
OUVRIERS RÉUNIS
St-Pantaléon, 3.